GRAMMAR

TPR 이론의 창시자 | Dr.James J. Asher

휴스턴 대학과 뉴멕시코 대학에서 텔레비전 저널리즘과 심리학으로 박사 학위를 받았다. 그 후, 워싱턴 대학과 스탠포드 대학에서 언어학, 교육심리학의 연구 생활을 계속하였다. 그는 외국어 과목에서 성적이 매우 우수하였음에도 불구하고 말하는 데에 어려움을 겪은 것을 계기로 외국어 교습법에 관심을 갖고 연구를 하여 오른쪽 뇌를 이용한 기억 방식 이론을 창안하였다. 그의 교육 이론은 현재 전세계 국가에 널리 활용되며 언어 교육의 가장 효과적인 교습법으로 인정받는다.

기획 | **인투언어연구소**

최종민 교수

㈜인투언어연구소 소장, 호서대 교양학부 초빙교수

주요 저서

텐저린 파트별 시리즈(니오컴스) | 텐저린 실전문제 200 시리즈(니오컴스)
TOEIC 터미네이터(YBM 시사영어사) | TOEIC 터미네이터 BASIC(2003, YBM 시사영어사)
최종민의 TOEIC R/C 기출문제 공개해부(2003, YBM시사영어사) | 플래티늄 1200(2003, 니오컴스)
플라톤 토익(2004, YBM시사영어사) | 레인보우토익(2006, YBM시사영어사)
코칭토익(2006, 박문각) | 웰일즈 Topic 시리즈 기획(2007)

일러스트 | 김민재 김희재 박태영 민경은 손지연

ENGLISH ICE BREAK
GRAMMAR ❶ Basic

1판 1쇄 발행 2009년 12월 15일 **1판 2쇄 발행** 2009년 12월 22일
펴낸이 정종모 **펴낸곳** Watermelon English Company **기획** 인투언어연구소 **책임편집** 김지숙 이민정
디자인 김해연 이아림 **제작** 송정훈 윤준수 **영업** 남기성 김정호 김경훈 **관리** 박금란 김선애 윤현진 김수나
등록 2003년 9월 3일(제300-2003-162호)
주소 서울시 마포구 동교동 203-52 **전화** 02-3144-3700 **팩스** 02-3144-0775
홈페이지 www.engicebreak.com **이메일** editor@yolimwon.com

* 책값은 뒤표지에 있습니다.
ISBN 978-89-7063-639-9 14740
ISBN 978-89-7063-638-2 (세트)

ENGLISH ICEBREAK GRAMMAR ❶

잉글리쉬 아이스브레이크 그램마

Basic

Watermelon

| **머리말** |

100% Graphic!

ICEBREAK가 첫선을 보였을 때 수많은 독자들과 영어 학습자들이 열렬한 반응을 보여 주셨습니다. 당연히 타당한 이유가 있겠죠. 영어 교재에 그림이나 사진이 부분적으로 실리는 경우는 많았지만 ICEBREAK처럼 100% Graphic으로 그림과 글, 글과 그림이 상호 작용하도록 시도한 교재는 거의 없습니다. 그것도 귀여운 졸라맨과 어린 시절을 떠올리게 하는 단순하고 소박한 그림이 사실적이고 복잡한 그림이나 사진보다 훨씬 매력적이었던 것 같습니다.

이에 용기를 얻어 ICEBREAK 영문법을 내기로 결정했습니다. 용기가 필요했던 것은 졸라맨을 주인공으로 문법의 개념과 용법을 얼마만큼 표현할 수 있을까? 하는 고민 때문이었습니다. 하지만 그 따분하고 재미없는 문법 공부를 아주 조금이라도 유쾌하고 편안하게 즐기면서 할 수 있다면 보람 있고 가치 있는 작업일 것이라고 생각했습니다. 이제 또 한번 많은 분들이 좋은 평가를 내려 주시리라 조심스럽게 기대해 봅니다.

눈으로 그림을 보고!
머리로 내용을 생각하고!

Icebreaker처럼 영어의 장벽을 깨고 나가자!

ICEBREAK! 이름이 참 매력적이죠? 책 이름에서 몇 가지 장면이 연상됩니다. 가장 먼저 떠오르는 그림은 Icebreaker(쇄빙선)가 북극의 얼음과 빙하를 깨면서 앞으로 나아가는 장면입니다. 영어를 공부하면서 보게 되는 우리 자신의 모습은 얼음처럼 얼어붙어 있는 것이 아닐까 합니다. 미국 사람들과 부딪치면 눈과 귀가 얼어 버립니다. 눈은 뜨고 있지만 뭔지 모를 두려움(phobia)에 멍한 시선이고, 귀는 열고 있지만 아무 소리도 들리지 않습니다. 눈으로는 알파벳만 보고, 귀로는 우리말 설명만 지루하게 들으면서 공부한 탓이겠지요. 입은 더욱 단단하게 꽁꽁 얼었습니다. 머릿속으로 문장을 만들어도 혀가 움직이질 않습니다.

지금의 부모 세대들은 문법 위주로 공부했으니 그렇다고 치지만, 영어 동화책과 소리로 영어를 시작한 젊은 세대들도 결과는 마찬가지인듯 합니다. 아마 시험 점수에 목매달고 달려드는 우리 교육 환경 때문이겠지요. 눈과 귀, 입이 얼어 붙으면서 마음까지 얼음 속에 갇혔습니다. 바로 좌절감입니다. 지긋지긋할 정도로 오랫동안 공부해도 항상 그 자리인 듯 합니다. 벌써 시작만 몇 번 입니까? 마음 먹고 영어 공부하자고 단단히 결심해도 며칠 공부하다 말고 포기한 것이 벌써 몇 번 입니까? 이제 다시 한번 영어 공부 제대로 해보자는 마음까지 사라진 것은 아닌지요.

이제 ICEBREAK가 여러분 옆에 있습니다. 얼어 버린 눈, 귀, 입을 녹일 수 있습니다. 좌절감이라는 단단한 얼음을 산산이 깨드릴 수 있습니다. Icebreaker가 북극의 하얀 얼음을 깨고 짙푸른 바다를 헤치고 나아가는 시원한 모습을 상상할 수 있습니까? ICEBREAK가 옆에 있으면 이제 여러분은 멋있는 Icebreaker가 될 수 있습니다.

break the ice! 영어의 서먹함을 날려버리자!

ICEBREAK라는 책 제목에서 또 하나 떠오르는 장면이 있습니다. break the ice라는 표현은 처음 만나 어색하고 서먹한 분위기를 부드럽고 편안한 분위기로 바꾼다는 뜻입니다. 영어는 다른 나라 말이니까 당연

다시 눈으로 문장을 보고!
귀로 소리를 듣고!

히 낯설고 불편합니다. 잘하고 싶은 마음은 늘 있고, 그래서 나름대로 노력은 해보지만 낯설고 불편한 것은 조금도 줄어들지 않습니다. 나이가 들면서 그 불편함이 더 강해지는 경우가 많습니다. 아마 체면 때문이겠지요. 체면 차리는 것이 바로 우리 문화 아니겠어요? 체면이 나쁜 것만은 아닌데 영어를 공부할 때 꼭 끼어드는 방해꾼입니다.

이제 ICEBREAK가 여러분 옆에 있습니다. 졸라맨과 대화를 나누면서 영어를 다시 시작해 보세요. 졸라맨은 만능 엔터테이너입니다. 우리가 지금까지 알파벳으로만 공부했던 수많은 문장을 직접 연기합니다. 앉았다가 일어나기도 하고, 걷다가 열심히 뛰기도 합니다. 웃기도 하고 찡그리기도 하고 신 나는 표정을 짓기도 합니다. TV를 보기도 하고 라디오를 듣기도 하죠. 정말 다양한 표정과 몸짓과 액션을 보여 줍니다.

이 책은 ICEBREAK Grammar입니다. 영어 문법은 늘 서먹합니다. 여간 불편하지 않습니다. 시제 공부할 때 '시간'을 생각해야 한다든가, 본

동사는 시제 외에 능동태와 수동태를 구별하는 것이 중요한 포인트라든가, 부정사는 명사, 형용사, 부사의 역할을 한다든가, 명사를 공부할 때는 '수와 양'을 체크해야 한다든가, 전치사는 기본적으로 '공간 또는 장소'를 표현한다든가 하는 것은 꼭 알아야 할 중요한 포인트지만 여기서 그치면 그저 머리와 눈으로 하는 공부로 끝납니다.

ICEBREAK Grammar! 이렇게 공부하자!

ICEBREAK Grammar는 좀 더 새로운 학습법을 제시합니다. break the ice하기 위한 방법이죠. 만능 엔터테이너인 졸라맨이 보여주는 공부법은 바로 action입니다. 졸라맨과 똑같이 말하면서 흉내 내보세요. 졸라맨이 빨리 뛰면 "He is running fast."라고 큰 소리로 말하면서 뛰는 시늉을 해보세요. 쑥스럽고 때로는 체면이 구겨지기도 하겠지만 문장 하나하나가 몸에 찰싹 달라 붙는 효과를 낼 것입니다. 그림을 보고 머리로 내용을 생각하고, 눈으로 문장을 보고, 귀로 소리를 듣고, 입으로 크게 말하고, 손으로 또박또박 써 보세요.

입으로 크게 말하고!
손으로 또박또박 써 보세요!

    ICEBREAK Grammar에 등장하는 모든 그림과 장면을 영어 문장으로 소리 내 보세요. ICEBREAK Grammar에 있는 모든 영어 문장을 보며 그림과 장면을 상상해 보세요. 눈짓, 손짓, 발짓, 몸짓 등 온몸으로 하는 action을 곁들여 보세요. 어느 순간 갑자기 얼어 붙었던 눈과 귀와 입이 봄눈 녹듯 풀릴 것입니다. 마음 속 한 켠을 차갑게 짓누르던 얼음 덩어리 같은 좌절감은 흔적도 없이 녹아 사라져 있을 것입니다. 그리고 어느 순간부터 편안하게 영어로 대화하고 있을 것입니다.

ICEBREAK Grammar에서 영어 문법은 지식이 아니라 말과 행위입니다.

최종민 인투언어연구소

Contents

Unit 1 시제
- **Chapter1** 현재 ...12
- **Chapter2** 과거 ...36
- **Chapter3** 미래 ...64
- **Chapter4** 법조동사 ...76

Unit 2 문장
- **Chapter5** 네/아니오 의문문 ...96
- **Chapter6** Wh 의문문 ...101
- **Chapter7** 부정문과 부가의문문 ...110
- **Chapter8** 수동태 ...116

Unit 3 준동사
- **Chapter9** to부정사 ...130
- **Chapter10** 동명사 ...143
- **Chapter11** 분사 ...151

Unit 4 명사구
- **Chapter12** 명사 ...158
- **Chapter13** 관사 ...169
- **Chapter14** 한정사 ...177
- **Chapter15** 대명사 ...191

Unit 5 수식어
- **Chapter16** 형용사 ...204
- **Chapter17** 부사 ...209
- **Chapter18** 비교 ...217
- **Chapter19** 특별 용법 ...227

Unit 6 전치사
- **Chapter20** 장소전치사 ...234
- **Chapter21** 시간전치사 ...245
- **Chapter22** 기타전치사 ...252

Unit 7 접속사
- **Chapter23** 명사절 ...256
- **Chapter24** 형용사절 ...262
- **Chapter25** 가정법 ...268
- **Chapter26** 등위절과 부사절 ...276

Unit 1 시제

"어제 영화 보러 갈 건데, 매우 재미있는 중이라
내일 또 보러 갔어." 누군가 이렇게 말한다면
정신 나간 사람이라는 생각이 들 거예요.
뭐가 잘못된 것일까요? 그래요. 시간이 마구 뒤엉켰어요.
"어제 영화 봤는데, 매우 재미있어서 내일 또 보러 갈 거야."
이렇게 말해야 맞는 말이죠. Unit 1에서는 동사에 포함된
'시간', 다시 말해 시제에 관해 살펴볼 거예요.
시간이 헷갈리면 듣는 사람까지 정신이 몽롱해질 테니까요!

Chapter 1

현재 { 현재와 관련된 시제는 현재 시제와 현재진행 시제가 있다.

"오늘은 해가 동쪽에서 뜨는 중이야."라고 말하면
"이건 또 뭔 소리야?"하게 된다.
그럼 내일은 해가 서쪽에서 뜨나? 어제는 남쪽에서 떴나?
해가 동쪽으로 뜨는 것은 늘, 언제나 반복되는 변함없는 진리이다.
그래서 이런 상황은 현재 시제로 표현한다.

The sun rises in the east.

해는 동쪽에서 뜬다.

· ·

"그는 매일 수영해요."라고 말할 때도 역시 현재 시제를 쓴다.
어쩌다가 수영하지 않는 날이 있어도
그에게는 늘, 자주 반복되는 일이기 때문에 '매일'과 '수영해요'의
시간이 서로 맞아 떨어져야 한다.

He swims every day.

그는 매일 수영한다.

· ·

"그는 지금 수영하고 있다."라고 말할 때는 시제가 달라져야 한다.
지금, 이 순간에 진행 중인 상황을 나타내야 하기 때문에 지금,
이 순간의 행위는 현재진행 시제를 사용한다.

He is swimming right now.

그는 지금 수영하고 있다.

1 현재 시제: be동사

be 동사는 주어의 인칭과 단수/복수에 따라 형태가 다르고 줄여서 쓰기도 한다.

긍정문

	본래의 형태	줄인 형태
단수	I am	I'm
	you are	you're
	he/she/it is	he/she/it's
복수	we are	we're
	you are	you're
	they are	they're

부정문

	본래의 형태	줄인 형태
단수	I am not	I'm not
	you are not	you aren't
	he/she/it is not	he/she/it isn't
복수	we are not	we aren't
	you are not	you aren't
	they are not	they aren't

1-1 현재 시제: 주어가 단수일 때 긍정문 🎧 1-6

I am(I'm) Steve.

She is(She's) my sister Sara.

You are(You're) late!

It is(It's) three o'clock.

He is(He's) my brother Bill.

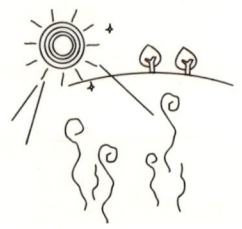

It is(It's) warm today.

- 나는 스티브이다.
- 너 늦었어!
- 그는 내 남동생 빌이다.
- 그녀는 내 여동생 사라이다.
- 지금은 3시이다.
- 오늘은 따뜻하다.

1-2 현재 시제: be동사_주어가 복수일 때 긍정문 🎵 7-12

We are(We're) friends.

You are(You're) excited.

We are(We're) bored.

They are(They're) from France.

You are(You're) my students.

They are(They're) at college.

- 우리는 친구다.
- 우리는 따분하다.
- 너희는 내 학생이다.

- 너희는 들떠있다.
- 그들은 프랑스에서 왔다.
- 그들은 대학에 다닌다.

1-3 현재 시제 : be동사_주어가 단수일 때 부정문 🔊 13-18

I am(I'm) not Steve.
I am(I'm) Josh.

She is not(isn't) my friend.
She is(She's) my sister.

You are not(aren't) stupid.
You are(You're) smart.

It is not(isn't) four o'clock.
It is(It's) three.

He is not(isn't) my teacher.
He is(He's) my brother.

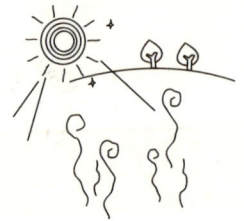

It is not(isn't) hot.
It is(It's) warm today.

- 나는 스티브가 아니다. 나는 조쉬다.
- 너는 어리석지 않다. 너는 똑똑하다.
- 그는 우리 선생님이 아니다. 그는 내 남동생이다.
- 그녀는 내 친구가 아닙니다. 그녀는 내 여동생입니다.
- 지금은 4시가 아니다. 지금은 3시이다.
- 덥지 않다. 오늘은 따뜻하다.

1-4 현재 시제: be동사_주어가 복수일 때 부정문 🎵 19-24

We are not(aren't) brothers.
We are(We're) friends.

You are not(aren't) nice.
You are(You're) rude.

We are not(aren't) interested.
We are(We're) bored.

They are not(aren't) from Belgium. They are(They're) from France.

You are not(aren't) my friends. You are(You're) my students!

They are not(aren't) at work.
They are(They're) at college.

- 우리는 형제가 아니다. 우리는 친구이다.
- 우리는 흥미롭지 않다. 우리는 따분하다.
- 너희는 내 친구가 아니다. 너희는 내 학생이다!
- 너희는 친절하지 않다. 너희는 무례하다.
- 그들은 벨기에 출신이 아니다. 그들은 프랑스에서 왔다.
- 그들은 일하지 않는다. 그들은 대학에 다닌다.

1-5 현재 시제: be동사_주어가 단수일 때 의문문 🎧 25-30

Am I late?

Is she a computer programmer?

Are you thirsty?

Is it hot today?

Is he from Japan?

Is it a wolf?

- 제가 늦었나요?
- 목 마르세요?
- 그가 일본에서 왔나요?

- 그녀는 컴퓨터 프로그래머인가요?
- 오늘 덥나요?
- 그게 늑대인가요?

1-6 현재 시제: be동사_주어가 복수일 때 의문문 🔊 31-36

Are we **good students?**

Are you **Chinese workers?**

Are we **smart enough?**

Are they **in New York today?**

Are you **all comfortable?**

Are they **from Korea?**

- 우리 괜찮은 학생들인가요?
- 우리가 충분히 똑똑할까?
- 여러분 모두 편안하세요?

- 여러분들이 중국인 직원인가요?
- 그들은 오늘 뉴욕에 있나요?
- 그들은 한국에서 왔나요?

2 현재 시제: 일반동사

현재 시제에서 일반동사는 동사원형을 쓰지만, 주어가 3인칭 단수일 때는 -s/es를 붙인다. 부정문에서는 주어의 인칭과 수에 따라 do not/does not(don't/doesn't)를 쓴다. 의문문에서도 주어의 인칭과 수에 따라 do/does를 주어 앞으로 이동한다.

긍정문과 의문문

	긍정문	의문문
단수	I know. You know. He/She/It knows.	Do I know? Do you know? Does he/she/it know?
복수	We know. You know. They know.	Do we know? Do you know? Do they know?

부정문

	본래의 형태	줄인 형태
단수	I do not know. You do not know. He/She/It does not know.	I don't know. You don't know. He/She/It doesn't know.
복수	We do not know. You do not know. They do not know.	We don't know. You don't know. They don't know.

2-1 현재 시제: 일반동사에 -s/es 붙이는 방법

대부분의 동사는
-s를 붙인다.
visit ➡ visits
answer ➡ answers
speak ➡ speaks

-e로 끝나는 동사도
-s를 붙인다.
hope ➡ hopes
write ➡ writes
live ➡ lives

-ch, -sh + -es
catch ➡ catches
wash ➡ washes
finish ➡ finishes

-s, -x, -z + -es
pass ➡ passes
fix ➡ fixes
buzz ➡ buzzes

자음 + -y = -ies
study ➡ studies
fly ➡ flies
try ➡ tries

모음 + -y = -ys
say ➡ says
buy ➡ buys
pay ➡ pays

do & go
do ➡ does
go ➡ goes

have
have ➡ has

2-2 현재 시제 용법 37-39

현재 시제는 (1)변하지 않는 진리 (2)늘 지속되는 상황이나 사실 (3)자주 반복되는 행위나 습관 등을 표현할 때 쓴다.

과거부터 지금까지
그리고 앞으로도
지속되거나 반복되는
변하지 않는 진리

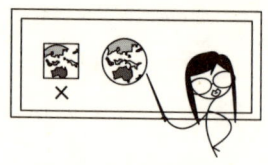

The Earth is round.
지구는 둥글다.

늘 지속되는
상황이나 사실

Sara comes from England.
사라는 영국인이다.

자주 반복되는 행위, 습관
always, usually,
often, sometimes,
never 등이 함께 오기도 한다.

She swims every day.
그녀는 매일 수영을 한다.

2-3 현재 시제: 변하지 않는 진리 🎧 40-45

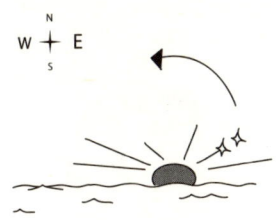

The sun rises in the east.

An insect has six legs.

The sun sets in the west.

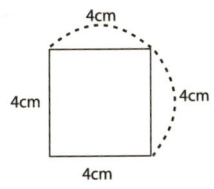

A square has four equal sides.

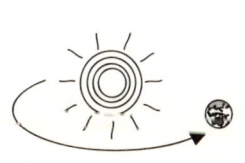

The Earth goes round the sun.

Water boils at 100℃.

- 해는 동쪽에서 뜬다.
- 해는 서쪽으로 진다.
- 지구는 태양 주위를 돈다.

- 곤충은 다리가 6개이다.
- 정사각형은 길이가 같은 4개의 면을 갖는다.
- 물은 100℃에서 끓는다.

2-4 현재 시제: 늘 지속되는 상황이나 사실 🎧 46-51

Jane is very smart.

We are Spanish.

She speaks three languages.

I like animals.

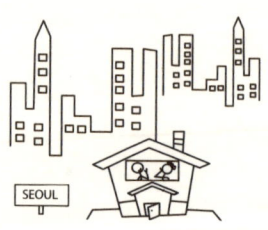

We live in Seoul.

I have three dogs.

- 제인은 아주 똑똑하다.
- 그녀는 3개 국어를 한다.
- 우리는 서울에 산다.

- 우리는 스페인 사람이다.
- 나는 동물을 좋아한다.
- 나는 개가 3마리 있다.

2-5 현재 시제: 자주 반복되는 행위나 습관 [MP3] 52-57

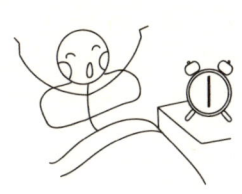

Tim gets up early every day.

sometimes   always

He sometimes walks to school.

He usually goes to bed at 9:30.

He often goes to the cinema.

He always wears jeans.

It often rains here in August.

- 팀은 매일 일찍 일어난다.
- 그는 보통 9시 30분에 잔다.
- 그는 언제나 청바지를 입는다.

- 그는 가끔 걸어서 학교에 간다.
- 그는 종종 극장에 간다.
- 이곳은 8월에 비가 자주 온다.

2-6 현재 시제: 부정문 🔊 58-63

I like tea. I don't drink coffee.

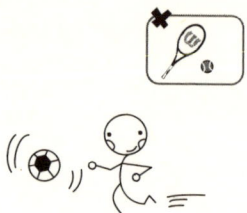

Tom doesn't play tennis.

They don't live in France.

She doesn't speak Japanese.

We don't have any children.

My car doesn't use much gas.

- 나는 차를 좋아한다. 커피는 좋아하지 않는다.
- 그들은 프랑스에 살지 않는다.
- 우리는 아이가 없다.
- 톰은 테니스를 치지 않는다.
- 그녀는 일본어를 할 줄 모른다.
- 내 차는 휘발유를 많이 쓰지 않는다.

2-7 현재 시제: 의문문 64-69

Do you **work** on Saturdays?

Does Jason **play** tennis often?

Do they **have** a car?

Does she **work** hard?

Do you **speak** English?

Does the bus **run** often?

- 토요일에 일 하시나요?
- 그들이 차를 가지고 있나요?
- 영어할 줄 아세요?

- 제이슨이 테니스를 자주 치나요?
- 그녀가 일을 열심히 하나요?
- 버스가 자주 오나요?

3 현재진행 시제

현재진행 시제는 지금, 이 순간 진행되거나 지속되는 행위를 나타낸다.
동사의 형태는 'be+동사-ing'이다.
부정문일 때 be동사 뒤에 not이 온다.

긍정문

	본래 형태	줄인 형태
단수	I am waiting.	I'm waiting.
	You are waiting.	You're waiting.
	He/She/It is waiting.	He/She/It's waiting.
복수	We are waiting.	We're waiting.
	You are waiting.	You're waiting.
	They are waiting.	They're waiting.

부정문

	본래 형태	줄인 형태
단수	I am not waiting.	I'm not waiting.
	You are not waiting.	You aren't waiting.
	He/She/It is not waiting.	He/She/It isn't waiting.
복수	We are not waiting.	We aren't waiting.
	You are not waiting.	You aren't waiting.
	They are not waiting.	They aren't waiting.

3-1 동사에 -ing 붙이는 방법 (1)

대부분의 동사는 -ing를 붙인다.	go ➡ going ask ➡ asking work ➡ working
-e로 끝나는 동사는 -e를 빼고 -ing를 붙인다.	live ➡ living hope ➡ hoping take ➡ taking
-ee로 끝나는 동사는 -e를 빼지 않고 -ing를 붙인다	see ➡ seeing agree ➡ agreeing
1음절 동사에서 '단모음+자음'은 마지막 자음을 한 번 더 쓴다.	stop ➡ stopping swim ➡ swimming run ➡ running

3-2 동사에 -ing 붙이는 방법 (2)

1음절 동사에서 '두 개의 모음+자음'은 -ing만 붙인다.	read ⇒ reading rain ⇒ raining seat ⇒ seating
-w, -x, -y로 끝나는 동사는 -ing만 붙인다.	snow ⇒ snowing mix ⇒ mixing study ⇒ studying
-ie로 끝나는 동사는 -ie ⇒ -ying로 바꾼다.	die ⇒ dying lie ⇒ lying tie ⇒ tying
2음절 동사에서 뒤에 강세가 오면 마지막 자음을 하나 더 쓴다.	begin ⇒ beginning prefer ⇒ preferring control ⇒ controlling

3-3 현재진행 시제: 긍정문 70-75

Listen! Sara is playing the piano.

They're sitting in the garden now.

Don't go out now! It's raining.

Hurry up! The bus is coming.

Please be quiet! He's studying.

She's listening to the radio right now.

- 들어 보세요! 사라가 지금 피아노를 치고 있어요.
- 지금 나가지 마! 비가 오고 있어.
- 조용히 해! 그가 공부하고 있잖아.
- 그들은 지금 정원에 앉아 있다.
- 서둘러! 버스가 오고 있어.
- 그녀는 지금 라디오를 듣고 있다.

3-4 현재진행 시제: 부정문 🎵 76-81

Sara is not playing the piano.
She is playing the violin.

It's not raining outside.
It's snowing now.

He's not studying now.
He's reading the newspaper.

They're not sitting in the garden. They're digging.

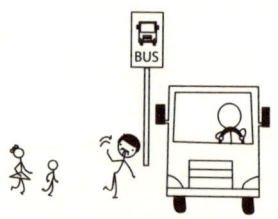

The bus is coming. Hurry up!
It isn't waiting for us.

She's not listening to the radio. She's watching TV.

- 사라는 피아노를 치고 있지 않는다. 바이올린을 켜고 있다. • 그는 지금 공부하고 있지 않는다. 신문을 읽고 있다. • 버스가 오고 있어. 서둘러 우리를 기다리지는 않을 거야.

- 밖에 비가 오고 있지 않는다. 눈이 오고 있다. • 그들은 정원에 앉아 있지 않는다. 땅을 파고 있다. • 그녀는 라디오를 듣고 있지 않는다. TV를 보고 있다.

3-5 현재진행 시제: 의문문 82-87

Am I making a lot of noise?

Are you listening to me?

Is Clare reading a novel?

Is he enjoying the film?

Is it snowing?

Are the children playing outside?

- 내가 많이 시끄럽나요?
- 클레어는 소설을 읽고 있나요?
- 눈이 오고 있나요?

- 당신 내 말을 듣고 있나요?
- 그가 영화를 재미있게 보고 있나요?
- 아이들이 밖에서 놀고 있나요?

3-6 현재진행 시제: 상태동사 88-91

상태동사는 진행 시제로 쓸 수 없다. 상태동사는 머릿속 생각, 마음속 감정, 소유, 존재 등을 의미하는 동사이다.

 **I think that he is nice.** 나는 그가 멋지다고 생각한다.	생각 또는 인식동사 know, understand, believe, remember, forget, mean, want, realize, doubt…
 **I like animals.** 나는 동물을 좋아한다.	감정 상태 love, like, hate, dislike, mind…
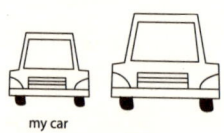 **I have a small car.** 나는 작은 차를 한 대 갖고 있다.	소유동사 have, possess, own, belong to…
 **The floor is clean.** 바닥이 깨끗하다.	존재동사 be, seem, look, appear, exist…

3-7 비교: 현재 시제와 현재진행 시제 🎵 92-97

I like animals.

I'm enjoying this party.

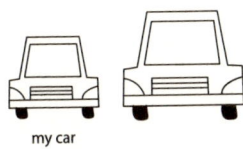

my car

I have a small car.

I'm having dinner.

The floor is clean.

I'm cleaning the floor.

- 나는 동물을 좋아한다.
- 나는 작은 차를 한 대 갖고 있다.
- 바닥이 깨끗하다.

- 나는 이 파티를 즐기고 있다.
- 나는 저녁을 먹고 있다.
- 나는 바닥을 청소하고 있다.

Chapter 2
과거

흘러간 과거를 얘기 할 때 영어에서는 (1)과거 시제, (2)현재완료 시제, (3)과거완료 시제 등 크게 3가지 시제로 말한다.

오래전이든 바로 몇 초 전이든 현재 지속되지 않는 일회적인 사건일 경우 항상 과거 시제를 쓴다.

He went to Spain last week.

그가 스페인에 간 것은 지난주에 발생한 일이다. 현재 어떤 상황인지 언급하지 않고 오직 last week에 발생한 행위만을 이야기한 것이다.

. . . .

하지만 지난 일 중에는 힘이 세서 지금까지 영향을 미치는 경우가 많다. 이럴 때는 현재완료를 쓴다.

He has gone to Spain.

그가 스페인에 간 것은 과거 어느 순간에 발생한 일이고, 말하는 사람이 전달하고자 하는 것은 "그는 지금 여기 없다."는 말이다.

. . . .

과거 일보다 더 먼저 발생한 일을 비교해서 말할 때가 있다. 이때는 과거완료 시제를 쓴다.

He had finished the work before he went to Spain.

그가 스페인에 간 것보다 일을 끝낸 것이 분명하게 먼저 발생한 일이니까 had finished라는 과거완료를 썼다.

1 과거 시제: be동사

be동사는 현재 시제에서와 마찬가지로 과거 시제에서도 주어의 인칭과 단수/복수에 따라 형태가 다르고 줄여서 쓰기도 한다.

긍정문

단수	복수
I was	we were
you were	you were
he/she/it was	they were

부정문

	본래의 형태	줄인 형태
단수	I was not	I wasn't
	you were not	you weren't
	he/she/it was not	he/she/it wasn't
복수	we were not	we weren't
	you were not	you weren't
	they were not	they weren't

1-1 과거 시제: be동사_주어가 단수일 때 긍정문 🔊 1-6

I was sick yesterday.

She was an actress in 2002.

You were busy last weekend.

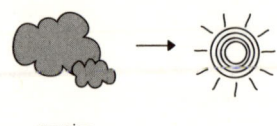

It was cloudy this morning.

He was in the office at 7 p.m..

It was my fault.

- 나는 어제 아팠다.
- 너는 주말에 바빴다.
- 그는 오후 7시에 사무실에 있었다.

- 그녀는 2002년에 배우였다.
- 오늘 아침엔 구름이 꼈었다.
- 그것은 내 잘못이었다.

1-2 과거 시제: be동사_주어가 복수일 때 긍정문 🎧 7-12

We were in Spain in June.

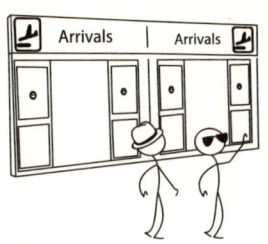

They were singers from Korea.

You were the best dancers at the competition last year.

They were tools for hunting.

You were terrible on mid-term exam.

There were some letters for me.

- 우리는 6월에 스페인에 있었다.
- 여러분은 작년 대회에서 최고의 댄서들이었다.
- 너희는 중간시험을 망쳤다.

- 그들은 한국에서 온 가수들이었다.
- 그것들은 사냥 도구였다.
- 거기엔 나에게 온 편지 몇 통이 있었다.

1-3 과거 시제: be동사_주어가 단수일 때 부정문 13-18

I was not(wasn't) at work on Monday.

She was not(wasn't) one of the baseball team.

You were not(weren't) a middle school student in 2000.

It was not(wasn't) noisy during the party.

He was not(wasn't) mad at me, but at Mark.

There was not(wasn't) a pen.

- 나는 월요일에 출근하지 않았다.
- 너는 2000년에 중학생이 아니었다.
- 그는 나에게 화가 난 것이 아니라 마크에게 화가 났다.

- 그녀는 야구 부원이 아니었다.
- 파티가 있는 동안 소란스럽지 않았다.
- 펜이 하나도 없었다.

1-4 과거 시제: be동사_주어가 복수일 때 부정문 🔊 19-24

We were not(weren't) members of the gym.

You were not(weren't) violinists.

We were not(weren't) that bad on the stage.

They were not(weren't) candidates of the election.

You were not(weren't) good audience during the speech.

They were not(weren't) on the telephone.

- 우리는 체육관 회원이 아니었다.
- 우리는 무대에서 그렇게 나쁘지 않았다.
- 연설하는 동안 너희는 훌륭한 청중이 아니었다.

- 너희는 바이올린 연주자가 아니었다.
- 그들은 후보자가 아니었다.
- 그들은 통화하고 있지 않았다.

1-5 과거 시제: be동사_주어가 단수일 때 의문문 🎧 25-30

Was I good?

Was she at work today?

Were you in the hospital after the accident?

Was it painful?

Was he good-looking?

Was it rainy yesterday?

- 제가 잘했나요?
- 사고 뒤에 당신은 병원에 입원했나요?
- 그는 멋있게 보였나요?

- 그녀는 오늘 출근했나요?
- 아팠어요?
- 어제 비가 왔나요?

1-6 과거 시제: be동사_주어가 복수일 때 의문문 31-36

Were we good at singing?

Were you all happy during holidays?

Were we at home last night?

Were they police officers?

Were you winners of the contest?

Were they in a hurry?

- 우리가 노래를 잘했나요?
- 우리가 어젯밤 집에 있었나요?
- 여러분이 대회 우승자였나요?

- 당신들은 휴일 동안 즐거웠나요?
- 그들이 경찰이었나요?
- 그들이 서둘렀나요?

43

2 과거 시제: 일반동사

과거 시제에서 일반동사는 동사의 기본 형태에 **-ed**를 붙여 표현한다.
부정문에서는 주어의 인칭과 수에 관계없이 **did not/didn't**를 쓴다.
의문문에서도 주어의 인칭과 수에 관계없이 **did**를 주어 앞으로 이동한다.

-e로 끝나는 동사는 -d만 붙인다.	phone ➡ phoned decide ➡ decided invite ➡ invited
자음+y ➡ 자음+ied	study ➡ studied cry ➡ cried marry ➡ married
모음+y ➡ 모음+ed	enjoy ➡ enjoyed play ➡ played stay ➡ stayed
단모음+자음 ➡ 단모음+자음+같은 자음+ed	tap ➡ tapped stop ➡ stopped plan ➡ planned

2-1 과거 시제: 일반동사 🔊 37-42

I walked the whole way.

Nick answered the question.

He watched a movie.

The manager talked with my boss.

She opened the window.

The boys laughed at me.

- 나는 복도를 걸어 나갔다.
- 그는 영화를 보았다.
- 그녀는 창문을 열었다.

- 닉이 그 질문에 대답했다.
- 그 관리자가 우리 사장에게 말했다.
- 그 소년들이 나를 비웃었다.

2-2 과거 시제: 불규칙동사 🔊 43-48

동사의 과거형이 불규칙한 것들이 있다. 불규칙동사의 목록은 부록을 참고한다.

I drank a cup of milk.

They blew candles.

She caught a cold.

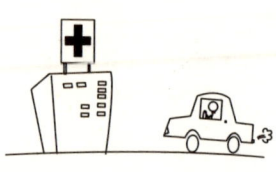

He drove the car to the hospital.

The boat sank under the sea.

Bill gave me a rose.

- 나는 우유를 한 컵 마셨다.
- 그녀는 감기에 걸렸다.
- 그 배는 바다 밑으로 가라앉았다.

- 그들은 촛불을 껐다.
- 그는 병원으로 차를 몰았다.
- 빌이 나에게 장미를 주었다.

2-3 과거 시제: 부정문 🎧 49-54

I did not show my record card to my parents.

You didn't answer me on the phone yesterday.

We did not win the first prize on the contest.

Bill didn't meet his girl friend yesterday.

They did not understand my lecture.

The machines didn't work.

- 나는 부모님께 성적표를 보여 드리지 않았다.
- 우리는 그 대회에서 1등을 하지 못했다.
- 그들은 내 강의를 이해하지 못했다.
- 너는 어제 내 전화를 받지 않았다.
- 빌은 어제 여자 친구를 만나지 못했다.
- 그 기계는 작동되지 않았다.

2-4 과거 시제: 의문문 55-60

Did you call me last night?

Did I give you a rose?

Did they win the game?

Did Sara go to a hair shop yesterday?

Did Bill see the concert last week?

Did we take a train yesterday?

- 당신이 어젯밤 나한테 전화했었나요?
- 그들이 그 경기에서 이겼나요?
- 지난 주에 빌이 콘서트를 보러 갔나요?

- 내가 당신한테 장미를 줬나요?
- 어제 사라가 미용실에 갔나요?
- 어제 우리가 기차를 탔었나요?

2-5 과거 시제 용법 🎵 61-63

과거 시제는 (1)과거의 행위 (2)과거의 반복 또는 습관 (3)과거 상태의 지속을 나타낼 때 쓴다.

과거의 행위	**Mary went to a library yesterday.** 메리는 어제 도서관에 갔다.
과거의 반복 또는 습관	**I studied English hard at school.** 나는 학교 다닐 때 영어를 열심히 공부했다.
과거의 상태	**I lived in Seoul for three years.** 나는 3년 동안 서울에서 살았다.

3 과거진행 시제: 형태

과거진행 시제는 과거 어느 순간에 지속되던 행위나 진행 중인 동작을 나타낸다. 'be동사 과거형(was, were) + V-ing' 형태를 띤다.

긍정문

단수	복수
I was waiting.	We were waiting.
You were waiting.	You were waiting.
He/She/It was waiting.	They were waiting.

부정문

	본래의 형태	줄인 형태
단수	I was not waiting.	I wasn't waiting.
	You were not waiting.	You weren't waiting.
	He/She/It was not waiting.	He/She/It wasn't waiting.
복수	We were not waiting.	We weren't waiting.
	You were not waiting.	You weren't waiting.
	They were not waiting.	They weren't waiting.

3-1 과거진행 시제: 긍정문 64-69

I was washing the car.

She was swimming at 9:00 p.m..

You were wearing a hat yesterday.

It was raining when I woke up.

Bill was having breakfast.

They were carrying some boxes.

- 나는 세차하고 있었다.
- 어제 너는 모자를 쓰고 있었다.
- 빌은 아침을 먹고 있었다.

- 저녁 9시에 그녀는 수영을 하고 있었다.
- 내가 눈을 떴을 때 비가 오고 있었다.
- 그들은 상자들을 운반하고 있었다.

3-2 과거진행 시제: 부정문 MP3 70-75

I was not listening to music.

She wasn't reading a newspaper.

They were not singing at that moment.

He wasn't working at 10:30 last night.

Tom was not playing the guitar.

In 1990 they weren't living in Japan.

- 나는 음악을 듣고 있지 않았다.
- 그때 그들은 노래를 부르고 있지 않았다.
- 톰은 기타를 치고 있지 않았다.

- 그녀는 신문을 읽고 있지 않았다.
- 어젯밤 10시 30분에 그는 일하고 있지 않았다.
- 1990년에 그들은 일본에서 살고 있지 않았다.

3-3 과거진행 시제: 의문문 76-81

Were you yelling at your sister?

Was he talking to you?

Was the phone ringing?

Were they going to the party?

Was Bill listening to music?

Was I sleeping at 2:30 a.m.?

- 네가 여동생에게 고함을 지르고 있었니?
- 전화기가 울리고 있었니?
- 빌이 음악을 듣고 있었니?

- 그가 너에게 말을 걸고 있었니?
- 그들이 파티에 가고 있었나요?
- 새벽 2시 30분에 내가 자고 있었니?

3-4 비교: 과거 시제와 과거진행 시제 🎧 82-87

You were listening to music when I **called** you.

I **was walking** down the street when Jack **said** hello.

We were having a party when the doorbell **rang**.

Tom was reading a book when the phone **rang**.

They were playing a computer game when their parents **came** home.

It was raining when I **got** out of school.

- 내가 널 불렀을 때 너는 음악을 듣고 있었다.
- 초인종이 울렸을 때 우리는 파티 중이었다.
- 그들의 부모님이 집에 왔을 때 그들은 컴퓨터 게임을 하고 있었다.

- 잭이 인사를 했을 때 나는 길을 걷고 있었다.
- 전화기가 울렸을 때 톰은 책을 읽고 있었다.
- 내가 학교 밖으로 나갔을 때 비가 오고 있었다.

4 현재완료 시제

현재완료 시제는 'have+과거분사(p.p.)'의 형태이다. 주어의 수에 따라 단수는 **has**, 복수는 **have**를 쓴다. 과거분사는 과거동사와 마찬가지로 **-ed**를 붙인다. 불규칙한 동사의 형태는 부록을 참고한다.

긍정문

	본래 형태	줄인 형태
단수	I have arrived.	I've arrived.
	You have arrived.	You've arrived.
	He/She/It has arrived.	He/She/It's arrived.
복수	We have arrived.	We've arrived.
	You have arrived.	You've arrived.
	They have arrived.	They've arrived.

부정문

	본래 형태	줄인 형태
단수	I have not arrived.	I haven't arrived.
	You have not arrived.	You haven't arrived.
	He/She/It has not arrived.	He/She/It hasn't arrived.
복수	We have not arrived.	We haven't arrived.
	You have not arrived.	You haven't arrived.
	They have not arrived.	They haven't arrived.

4-1 현재완료 시제: 용법 (1) 88-93

방금 끝난 일이 현재의 상황이나 행위에 영향을 미칠 때, 'just, already, yet' 등의 부사가 함께 쓰이는 경우가 많다.

I have just finished my homework.

Look! Somebody has broken that window!

She has just left.

I've started reading a book.

We have already heard the story.

The game has just ended.

- 나는 방금 숙제를 끝냈다. (지금 다른 일 하고 있다.) • 그녀는 방금 출발했다. (가는 중이다.) • 우리는 이미 그 이야기를 들었다. (이야기 내용을 알고 있다.)
- 보세요! 누군가 창문을 깨뜨렸어요! (창문이 깨져 있다.) • 나는 책을 읽기 시작했다. (지금 읽고 있는 중이다.) • 경기가 방금 끝났다. (집에 가는 중이다.)

4-2 현재완료 시제: 용법 (2) 94-99

이미 끝난 일이나 행위의 결과가 현재 그대로 남아 있을 때 현재완료를 쓴다. 말하는 사람이 전달하려는 의미를 현재 시제로 비교한 것에 주의를 기울인다.

I've lost my passport.
/ I can't find my passport now.

She has gone to America.
/ She is in America now.

They have gone to bed.
/ They are in bed now.

He has bought a new car.
/ He has a new car now.

They have sold the last copy of the magazine. / They don't have the copy any more.

Bill has washed his shirt.
/ His shirt is clean now.

- 나는 여권을 잃어버렸다. (지금은 여권이 없다 또는 찾는 중이다.) • 그들은 잠자리에 들었다. (그들은 지금 침대에 있다.) • 그들은 잡지의 마지막 남은 한 권을 팔았다. (더 이상 팔 잡지가 없다.)
- 그녀는 미국으로 떠나버렸다. (지금 미국에 있다.) • 그는 새 자동차를 샀다. (지금 새 자동차를 가지고 있다.) • 빌은 셔츠를 빨았다. (지금은 셔츠가 깨끗하다.)

4-3 현재완료 시제: 용법 (3) 🎧 100-105

과거에 여러 차례 경험한 일이 현재와 관련이 있을 때, 'ever, never, before, once, twice, often' 등 빈도부사와 함께 쓰는 경우가 많다.

I've seen this film before.

He has never worked in an office.

Tom has climbed Mt. Halla twice.

They've never learned French before.

He's been to Paris.
/ He is now at home again.

He's gone to Paris.
/ He is in Paris now.

- 나는 이 영화를 전에 본 적이 있다. • 톰은 한라산을 두 번 올라간 적이 있다. • 그는 파리에 다녀온 적이 있다. (지금 집으로 돌아왔다.)

- 그는 한번도 사무실에서 일해 본 적이 없다. • 그들은 한번도 프랑스어를 배운 적이 없다. • 그는 파리로 가 버렸다. (지금 파리에 있다.)

4-4 현재완료 시제: 용법 (4) 106-111

과거에서 현재까지 이르는 기간 동안 상태나 상황이 지속 또는 계속된 것을 표현할 때, 'for, since'와 함께 상황이 지속된 것을 나타낸다.

I've talked with her for two hours.

She has worked here for 25 years.

She has slept for 12 hours.

Sara has lived in Seoul since 2002.

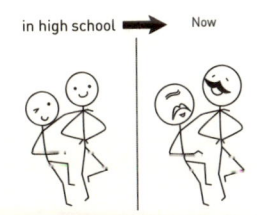

We've known each other since we were in high school.

My father has had a beard since I was born.

- 나는 그녀와 2시간 동안 이야기했다. • 그녀는 12시간이나 자고 있다. • 우리는 고등학교 때부터 서로 알고 지낸 사이다.

- 그녀는 여기서 25년 동안 일해 왔다.
- 사라는 2002년부터 서울에서 살고 있다.
- 아버지는 내가 태어났을 때부터 턱수염을 길렀다.

4-5 현재완료 시제: 부정문 🔊 112-117

I have not seen Tom for a year. I miss him.

He has never visited Korea.

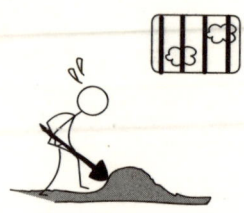

I haven't escaped yet.

You haven't finished your homework yet.

They haven't replied to my letter yet.

The delivery man hasn't arrived yet.

- 나는 톰을 못 본지 1년이 되었다. 그가 보고 싶다. • 나는 아직 탈출하지 못했다. • 그들은 아직 내 편지에 답장을 하지 않았다.

- 그는 한국을 방문한 적이 없다.
- 너는 아직 숙제를 하지 않았잖아.
- 아직 배달원이 도착하지 않았다.

4-6 현재완료 시제: 의문문 118-123

현재완료 시제의 의문문은 'have/has+주어?' 의 어순이다.
의문사가 있을 때는 의문사가 문장 앞에 온다.

Have you ever been to Japan?

Has he worked here before?

Have you finished your homework?

How long have you taught English?

Have you read this book?

How long have you lived in Seoul?

- 일본에 가본 적이 있어요?
- 너 숙제 다 했니?
- 이 책을 읽어본 적 있나요?

- 그가 전에 여기에서 일한 적이 있나요?
- 영어를 가르치신 지 얼마나 되셨죠?
- 서울에 산 지 얼마나 되었나요?

4-7 비교: 과거 시제와 현재완료 시제 🎧 124-129

과거를 나타내는 분명한 시간 표현이 있는 경우는 과거 시제를 쓰고, 과거의 불분명한 순간부터 현재에 이르기까지의 상황을 묘사할 때는 현재완료 시제를 쓴다. 즉, 현재완료는 과거 사건으로 현재의 상황을 말할 때 쓰는 시제이다.

I have lost my key.

I lost my key yesterday.

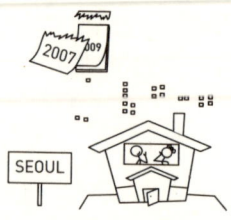

We've lived in Seoul for 2 years.

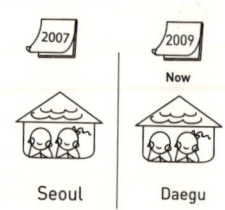

We lived in Seoul 2 years ago.

Have you ever been to Spain?

Did you go to Spain last year?

- 나는 열쇠를 잃어버렸다.
- 우리는 2년 동안 서울에 살고 있다.
- 당신은 스페인에 가본 적 있나요?

- 나는 어제 열쇠를 잃어버렸다.
- 우리는 2년 전에 서울에 살았다.
- 당신은 작년에 스페인에 갔었나요?

5 과거완료 시제: 형태와 용법 130-135

과거완료 시제는 과거 사건보다 먼저 발생한 일을 나타낼 때 쓴다. 형태는 'had+과거분사(p.p.)'이고 긍정문에서 I'd, he'd 등의 형태로, 부정문에서 hadn't의 형태로 줄여 쓸 수 있다.

**My book wasn't there.
I had left it behind.**

It was 7 p.m.. Many shops had just closed.

**The game was over.
Our team had won.**

By 2005, I had worked at a bank.

**I'd seen him before.
He looked familiar.**

He had been to a party the evening before.

- 내 책이 그곳에 없었다. 내가 (전에) 그곳에 떨어뜨렸는데 말이다. • 그 경기가 끝났다. (그 경기에서) 우리 팀이 이겼다. • 그를 전에 본 적이 있었다. 그는 낯이 익었다.
- 저녁 7시였다. 많은 상점이 (이미) 문을 닫았다. • 2005년까지 나는 은행에서 근무했다. • 그는 전날 저녁 파티에 갔다 왔다.

Chapter 3

미래

내일 일을 정확히 알 수 있을까? 당연히 알 수 없다. 슈퍼 컴퓨터가 있어도
내일 날씨조차 맞히기 힘들다. 그래서 미래는 그저 예상할 뿐이다.
하지만 어떤 일을 의도하거나 스케줄을 잡는 것도 미래의 일을
준비하는 것이다. 또 어떤 때는 사실과 다름없을 정도로 확실할 수도 있다.
이렇게 상황에 따라 미래 시제는 여러 표현법을 갖고 있다.

예측

It will warm tomorrow. (will)

내일은 따뜻해질 것이다.

의도/계획

**We're going to go to a movie tonight.
(be going to do)** (현재진행 시제)

우리는 오늘 밤에 영화를 보러 갈 것이다.

시간표

**The plane arrives at 10 a.m.
tomorrow.** (현재 시제)

비행기는 내일 오전 10시에 도착한다.

1 미래 시제: will의 형태

미래 시제는 기본적으로 'will+동사원형'의 형태이다. 긍정문과 부정문에서 줄여 쓰는 형태도 있고, 의문문에서는 will이 주어 앞으로 이동한다.

	본래의 형태	줄인 형태
긍정문	I will go.	I'll go.
	You will go.	You'll go.
	He/She/It will go.	He/She/It'll go.
	We will go.	We'll go.
	They will go.	They'll go.
부정문	I will not go.	I won't go.
	You will not go.	You won't go.
	He/She/It will not go.	He/She/It won't go.
	We will not go.	We won't go.
	They will not go.	They won't go.
의문문	Will I go? | Will you go? | Will he/she/it go?	
	Will we go? | Will they go?	

1-1 미래 시제: will의 용법

will은 (1)막연하게 미래를 예상할 때 (2)어떤 상황에서 바로 결정해서 하겠다는 일들을 나타낼 때 쓴다.

(1)번 용법	(2)번 용법
I'll be 24 next year.	We'll help you to exercise.
It will not rain this afternoon.	She won't come to the party.
Will they invite us to the party?	Will you pass me the ball?

- 나는 내년에 24살이 된다.
- 오늘 오후에는 비가 오지 않을 것이다.
- 그들이 우리를 파티에 초대할까?

- 우리가 너의 운동을 도와줄 것이다.
- 그녀는 파티에 오지 않을 것이다.
- 그 공을 건네주시겠어요?

2 미래 시제: be going to do의 형태

미래 시제를 나타내는 표현으로는 'be going to do'를 쓰기도 한다. 긍정문과 부정문에서 줄여 쓰는 형태도 있고, 의문문에서는 be동사가 주어 앞으로 온다.

	본래의 형태	줄인 형태
긍정문	I am going to do.	I'm going to do.
	You are going to do.	You're going to do.
	He/She/It is going to do.	He/She/It's going to do.
	We are going to do.	We're going to do.
	They are going to do.	They're going to do.
부정문	I am not going to do.	I'm not going to do.
	You are not going to do.	You're not(You aren't) going to do.
	He/She/It is not going to do.	He/She/It's not(isn't) going to do.
	We are not going to do.	We're not(We aren't) going to do.
	They are not going to do	They're(They aren't) going to do.
의문문	Am I going to do?	Are you going to do?
	Is he/she/it going to do?	Are we going to do?
	Are they going to do?	

2-1 미래 시제: be going to do의 용법

be going to do는 (1)막연한 예측을 나타낼 때 (2)미리 의도하거나 계획한 일을 말할 때 쓴다. (1)번 용법은 will과 바꿔 쓸 수 있지만 (2)번 용법은 will과 바꿔 쓸 수 없다.

(1)번 용법

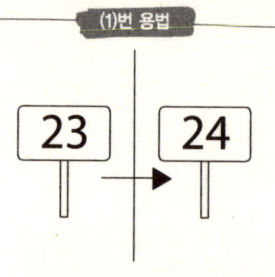

I'm going to be 24 next year.

It's not going to rain this afternoon.

Are they going to invite us to the party?

(2)번 용법

I'm going to eat a pizza tonight.

He isn't going to take the exam in June.

Is she going to buy a car?

- 나는 내년에 24살이 된다.
- 오늘 오후에는 비가 오지 않을 것이다.
- 그들이 우리를 파티에 초대할까요?

- 난 오늘 밤 피자를 먹기로 했다.
- 그는 6월에 시험을 치지 않을 것이다.
- 그녀가 차를 살 계획인가요?

2-2 비교: will과 be going to do 🎧 13-18

아래 예문에서 will은 미리 의도하지 않고 즉석에서 결정을 내린 상황을 묘사하는 것이고, be going to do는 이미 결정을 내리거나 계획한 것을 나타내는 문장들이다.

I like this coat.
I think I'll buy it.

I'm going to clean my room this afternoon. / I decided to clean it this morning.

I'll have a pizza, please.

Are you going to take the three o'clock train? / Have you decided to take the three o'clock train?

I'll carry your bag for you.

We are going to the theater tonight. / We have tickets.

- 나는 이 코트가 맘에 드는군요. 살게요.
- 나는 피자로 하겠어요.
- 내가 가방을 들어 줄게요.

- 나는 오늘 오후에 방을 청소할 계획이다. (나는 오늘 아침 결정했다.) • 당신은 3시 기차를 탈 계획인가요? (3시 기차를 타기로 결정하셨나요?) • 우리는 오늘 밤 극장에 갈 것이다. (우리는 표를 사 두었다.)

3 미래 시제: 현재진행 시제 🔊 19-24

현재진행 시제로 미래의 일을 나타낼 때는 미리 계획하거나 일정에 잡은 일을 표현한다. 구체적인 시간이나 날짜를 함께 쓰는 경우가 많고, be going to do와 비슷한 상황을 묘사한다.

I'm eating in a new restaurant tonight.

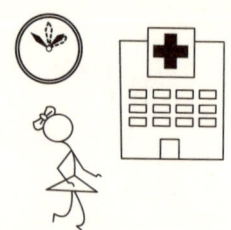

I'm going to the hospital at 2 o'clock.

I'm meeting Juliet at six o'clock.

We're having a party next week.

Are you doing anything this weekend?

Is Sara coming to my house on Friday night?

- 나는 오늘 밤 새로 생긴 식당에서 식사할 예정이다.
- 나는 6시에 줄리엣을 만날 계획이다.
- 이번 주말에 계획하신 일이 있나요?
- 나는 2시에 병원에 갈 예정이다.
- 우리는 다음 주에 파티를 열 계획이다.
- 사라가 금요일 밤에 우리 집에 올까요?

3-1 비교: 현재진행과 미래 시제 🎧 25-30

현재진행 시제는 현재 진행되는 일과 미래의 계획된 일을 표현한다.

현재 진행 중인 상황	미래 상황
 I'm working now.	 I'm leaving tomorrow.
 He's starting his car now.	 He's starting a new job on Monday.
 We're having a party at the moment.	 We're having a party in July.

- 나는 지금 일하고 있다.
- 그는 지금 차에 시동을 걸고 있다.
- 우리는 지금 파티 중이다.

- 나는 내일 떠날 예정이다.
- 그는 월요일부터 새 직장에서 일을 시작한다.
- 우리는 7월에 파티를 열 계획이다.

4 미래 시제: 현재 시제 (1) 31-36

현재 시제로 미래를 나타낼 때는 시간표 상에 이미 확정된 일을 표현한다. 기차나 비행기가 출발하고 도착하는 시간, 관공서 문을 열고 닫는 시간 등이 대표적인 상황이다.

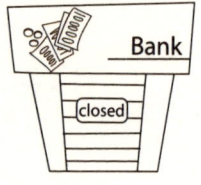

The bank opens at 9 tomorrow morning.

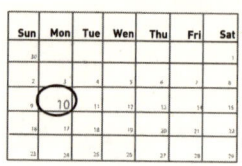

Next Monday is **the tenth.**

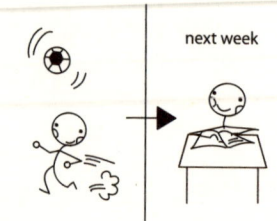

Classes begin next week.

The soccer game starts at 6.

The plane arrives at 7 next Friday.

What time does **the film** begin?

- 은행은 내일 아침 9시에 문을 연다.
- 수업은 다음 주에 시작한다.
- 그 비행기는 다음 주 금요일에 7시에 도착한다.
- 다음 주 월요일은 10일이다.
- 축구 경기가 6시에 시작한다.
- 몇 시에 영화가 시작되나요?

4-1 미래 시제 : 현재 시제 (2) 🔊 37-42

시간과 조건을 나타내는 부사절에서도 미래를 표현할 때 현재 시제를 사용한다.

시간의 부사절

I'll call you as soon as I arrive.

Wait here until I get back.

We'll leave after you leave.

- 나는 도착하자마자 너에게 전화할 것이다.
- 내가 돌아올 때까지 여기서 기다려.
- 네가 출발한 뒤에 우리가 출발할 것이다.

조건의 부사절

If it is fine tomorrow, we will go on a picnic.

If he retires next week, he will go to his hometown.

If you need a ticket, I'll get you one.

- 내일 날씨가 좋으면 우리는 야유회를 갈 것이다.
- 그는 다음 주에 은퇴하면 고향으로 갈 것이다.
- 너에게 표가 필요하다면 내가 하나 사 줄게.

5 미래진행 시제: 형태와 용법 🔊 43-48

미래진행 시제는 'will be+V-ing' 형이며, 미래의 어느 순간에 진행 중인 행위를 말할 때 쓴다.

At 10 tomorrow she will be working.

I'll be playing golf at 4 o'clock.

I'll be cooking when you arrive.

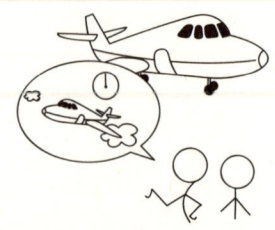

The plane will be flying at noon tomorrow.

This time next week we'll be sitting on the beach.

Five years from now I'll be running a big company.

- 내일 10시에 그녀는 일을 하고 있을 것이다.
- 당신이 도착하면 나는 요리를 하고 있을 거예요.
- 다음 주 이 시간이면 우리는 해변에 앉아 있을 거예요.

- 나는 4시에 골프 치고 있을 거예요.
- 내일 12시면 그 비행기는 비행 중일 겁니다.
- 지금부터 5년 후면 나는 큰 회사를 운영하고 있을 거예요.

5-1 미래완료 시제: 형태와 용법 🎧 49-54

미래완료 시제는 'will have + 과거분사(p.p.)'의 형태로 쓴다. 미래완료는 현재완료 시제를 미래의 어느 시점으로 옮겨 놓은 것이기 때문에 용법 자체는 동일하다.

I will have painted the room by 3 o'clock.

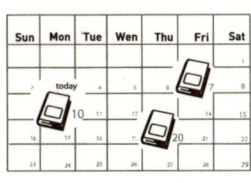

I'll have read this novel three times by next week.

We will have lived here for three years next September.

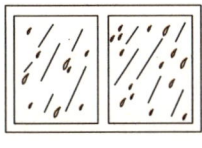

The rain won't have stopped until midnight.

I'll have won a lot of prizes before I'm twenty.

The film will already have started by the time we arrive.

- 나는 3시까지 방에 페인트칠을 끝낼 것이다.
- 우리는 이번 9월이면 이곳에서 3년을 사는 것이다.
- 나는 스무 살 전에 많은 상을 받을 것이다.

- 나는 다음 주면 이 소설을 3번 읽게 된다.
- 비가 한밤중까지 그치지 않을 것이다.
- 우리가 도착할 즈음이면 영화는 이미 시작했을 것이다.

Chapter 4
법조동사

세상에 혼자 할 수 있는 일은 거의 없다. 늘 다른 사람의 도움이 필요하듯이 영어도 비슷한 상황에 부딪친다. 시제에는 12종류가 있는데 동사 혼자서 그 많은 시제를 표현할 수가 없다. 그래서 진행 시제는 be동사, 완료 시제는 have, 부정문은 do의 도움이 필요하다. 이렇게 도와주는 역할을 성실히 수행하는 동사를 조동사(helping verbs)라고 한다.

여기에 법조동사(Modal verbs)라는 것도 있다. 미래 시제를 나타낼 때 will이 필요했듯이 뛴다, 뛰었다 등 딱 잘라 말할 수도 있지만 그렇지 않은 경우도 많다. 뛸 수 있다(가능, 능력), 뛰어야 한다(의무), 뛰는 게 좋겠다(제안), 뛰어도 좋다(허가) 등의 표현에서는 be, have, do가 아니라 will, would, can, could, may, might, should 등의 다른 동사가 필요하다.

이런 종류의 동사는 현재나 미래를 표현하는 경우가 대부분이다.
앞서 살펴본 시제를 이어서 공부한다고 생각하고, 머릿속에 상황을 상상하고 그러면서 문장을 익혀 보자.

1 능력 ability (1): can/be able to do 🎧 1-6

능력을 말할 때는 can/be able to do를 사용한다. 우리말로는 '~을 할 수 있다' 라고 표현한다.

I can bake a cake.

She is able to run fast.

He can't play the guitar.

His dog isn't able to bark.

Can you play chess?

Are you able to cook spaghetti?

- 나는 케이크를 만들 수 있다.
- 그는 기타를 칠 줄 모른다.
- 당신은 체스를 둘 줄 알아요?

- 그녀는 달리기를 잘한다.
- 그의 개는 짖지 못한다.
- 당신은 스파게티를 만들 수 있나요?

1-1 능력 ability (2): can, be able to do 7-12

과거의 능력을 말할 때는 could, was/were able to do를 쓰지만, 현재완료나 미래 시제는 be able to do만 쓸 수 있다.

과거의 능력	현재완료나 미래 시제
 She could run fast as a girl.	 I have been able to finish the work.
5 years old  Jason could play the piano when he was five.	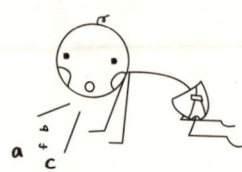 The baby will be able to talk soon.
 They were able to swim across the river.	 The plane won't be able to take off due to the fog.

- 그녀는 어렸을 때 빨리 달렸다.
- 제이슨은 5살 때 피아노를 칠 수 있었다.
- 그들은 강을 헤엄쳐서 건넜다.

- 나는 그 일을 끝낼 수 있었다.
- 아기는 곧 말을 할 수 있을 것이다.
- 안개 때문에 비행기가 뜰 수 없을 것이다.

2 허가 permission (1): can, could 13-18

can/could는 능력뿐만 아니라, 상대방의 허가를 구할 때 많이 쓴다. 주로 의문문의 형태로 표현되며, be able to와 바꿔 쓸 수 없다. 이때 could는 과거를 말하는 것이 아니라 더 정중한 표현이다.

Can I have a coffee?

Can we look around?

Can I borrow your bicycle, please?

Can I speak to Sara?

Could I use this phone to make a call?

Could I go to the restroom?

- 커피 한 잔 해도 될까요?
- 자전거 좀 빌릴 수 있을까요?
- 이 전화를 사용할 수 있을까요?
- 둘러볼 수 있을까요?
- 사라와 통화할 수 있을까요?
- 화장실에 갈 수 있을까요?

2-1 허가 permission (2): may 🔊 19-24

may도 상대방의 허락을 구할 때 자주 사용한다. 우리말로는 '~해도 될까요?', '~해도 좋다'로 표현한다.

May she come here for dinner?

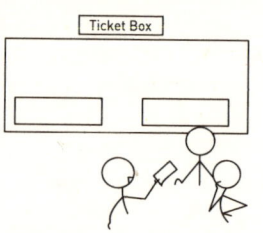

We may enter the concert hall with a ticket.

May I use your dictionary?

May I close the window?

May I sit here?

May I borrow your camera tomorrow?

- 그녀가 여기에 저녁 식사하러 와도 되나요?
- 사전 좀 써도 될까요?
- 여기 앉아도 될까요?
- 우리는 티켓을 가지고 콘서트 홀에 들어갈 수 있다.
- 창문을 닫아도 될까요?
- 내일 당신의 카메라를 빌려도 될까요?

3 가능 possibility (1): could, may, might 25-30

어떤 일이나 행위가 발생할 가능성(50% 정도의 확신)을 말할 때 could, may, might를 쓴다. 우리말로 could는 '~일 수 있다', may, might는 '~일지도 모른다'로 표현한다.

She may not be at home now.

I might go to the movies tonight.

My sister might come tomorrow.

Playing cards could be more fun.

She may be in the garden.

She could do well on the test.

- 그녀는 지금 집에 없을지도 모른다.
- 내 여동생이 내일 올지도 모른다.
- 그녀는 정원에 있을지도 모른다.

- 나는 오늘 밤 영화를 보러 갈지도 모른다.
- 카드 게임이 더 재미있을 것 같다.
- 그녀는 시험을 잘 볼 것이다.

3-1 가능 possibility (2): 부정문 🎵 31-36

어떤 일이 발생할 가능성이 별로 없을 때 may not, might not, could not/couldn't를 쓴다.

Bill might not go to France next week.

I couldn't run a marathon. I'm not feeling well.

I might not go to work tomorrow.

She couldn't climb onto the roof.

Tom may not be late today.

David couldn't work as a taxi driver.

- 빌은 다음 주에 프랑스에 가지 않을 것 같다.
- 나는 내일 일하러 가지 않을지도 모른다.
- 톰이 오늘은 늦지 않겠지.
- 나는 마라톤을 할 수 없을 것 같다. 몸이 좋지 않다.
- 그녀는 지붕에 올라 가지 못할 것이다.
- 데이빗은 택시 기사로 일하지 못할 것이다.

4 확신 certainty: must, can't 🎧 37-42

어떤 행위나 사실에 대해 근거를 갖고(90%이상 확신) 자신 있게 말할 때는 must를 쓴다. 부정문은 can't이다.

She must be rich.

She must be a doctor.

He must be very clever.

This must be the wrong address.

He must be in Busan now.

He can't be a soldier.
He's only 15.

- 그녀는 틀림없이 부자이다.
- 그는 매우 똑똑한 것이 틀림없다.
- 그는 지금 틀림없이 부산에 있을 것이다.

- 그녀는 틀림없이 의사일 것이다.
- 주소가 틀린 게 확실하다.
- 그가 군인일 리가 없다.
  그는 이제 15살이다.

5 의무 obligation/necessity (1): must MP3 43-48

must는 말하는 사람이 어떤 행동이 꼭 필요하거나 중요하다고 강력하게 주장할 때 사용하는 조동사이다. 우리말로는 '~해야 한다'로 표현한다.

**You have a cold.
You must go home now.**

You must eat them all.

**Bill must turn off the music.
We're studying now.**

I must go back home before dark.

**We must stay home.
It's raining a lot outside.**

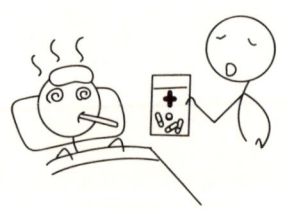

You must take the medicine.

- 너는 감기에 걸렸어. 지금 집에 가야 해.
- 빌은 음악을 꺼야 해. 우린 지금 공부하는 중이잖아.
- 우리는 집에 있어야 해요. 밖에 비가 많이 와요.

- 너는 그것들을 다 먹어야 한다.
- 나는 어두워지기 전에 집으로 돌아와야 한다.
- 너는 이 약을 먹어야 한다.

5-1 의무 obligation/necessity (2): have to do 49-54

have to do는 must와 같은 의미를 지니고 있지만, must가 말하는 사람의 권위를 강하게 나타내는 반면 have to do는 외적인 상황 때문에 꼭 필요하거나 의무적일 때 사용한다. must, have to do의 과거 시제는 had to do이다.

Sara starts work at 7:00, so she has to get up at 6:00.

My eyesight isn't very good. I have to wear glasses.

You have to pass a test before you can get a driver's license.

Do I have to go to school by 8 a.m.?

There was no bus, so we had to walk home.

Did he have to pay the cost?

- 사라는 7시에 일을 시작하기 때문에 6시에 일어나야 한다. • 너는 운전면허를 따기 전에 시험에 통과해야 한다. • 버스가 없어서, 우리는 집에 걸어와야 했다.
- 나는 시력이 매우 좋지 않다. 안경을 써야 한다. • 내가 학교에 8시까지 가야 하나요?
- 그가 비용을 지불해야 했나요?

5-2 의무 obligation/necessity (3): must not/don't have to 55-60

must의 부정은 두 가지이다. (1)굳이 할 필요가 없다고 말할 때는 don't have to do를 쓰고, (2)하면 안 되는 일을 말할 때는 must not을 쓴다.

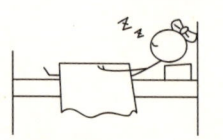

She doesn't have to wake up early tomorrow.

You must not smoke here.

We don't have to be winner of the contest.

You must not touch this medicine.

You don't have to use chopsticks to eat pizza.

I must not talk with friends during class.

- 그녀는 내일 일찍 일어날 필요가 없다.
- 우리는 대회에서 우승할 필요가 없다.
- 너는 젓가락으로 피자를 먹을 필요가 없다.

- 너는 여기서 담배를 피우면 안 된다.
- 너는 이 약들을 만지면 안 된다.
- 나는 수업 중에 친구와 이야기하면 안 된다.

6 충고 advice: should 61-66

should는 must나 have to만큼 의무적이거나 강한 주장을 표현하는 것은 아니고, 어떤 행동이 바람직하다고 말할 때 사용한다. 부정문은 should not, shouldn't를 쓴다.

I should go home. It's midnight.

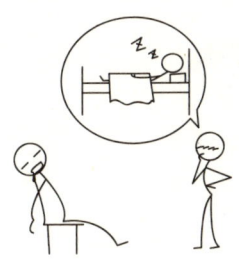

I think you should take a rest.

You should eat more fruit.

You shouldn't drive so fast.

You should exercise a lot.

You shouldn't leave.
The cookies in the oven are almost done.

- 나 집에 가야 돼. 자정이 되었어.
- 너는 과일을 더 먹어야 한다.
- 너는 운동을 많이 해야 한다.

- 나는 네가 쉬어야 한다고 생각한다.
- 너는 너무 빨리 운전해서는 안 돼.
- 당신 지금 가지 마세요. 쿠키가 거의 다 됐어요.

7 경고 warning: had better 67-72

had better는 should보다 더 강한 어감이다. 하지 않으면 좋지 않을 수도 있다는 어감을 지니고 있다. 줄여서 쓸 때는 you'd better, she'd better 등을 쓰고, 부정문은 had better not이다.

You had better take your umbrella today.

We'd better run now. It's almost the time to close the shop.

I had better ask the doctor about the pain in my stomach.

You'd better not hurry so much. Be careful.

She's in a bad mood. I'd better not tell her until tomorrow.

You'd better keep the toy away from the baby.

- 너는 오늘 우산을 갖고 가는 게 좋을 듯 하다.
- 나는 배가 아픈 것에 대해서 의사에게 물어보는 것이 좋겠어. • 그녀는 지금 기분이 좋지 않다. 내일까지 그녀에게 말을 걸지 않는 것이 좋겠다.
- 우리 지금 뛰는 게 좋겠어. 그 가게가 거의 문 닫을 시간이야. • 너 그렇게 서두르지 않는 게 좋겠어. 조심해. • 너는 아기한테서 장난감을 치우는 것이 좋겠다.

8 부탁, 요청 asking (1): Will you? 🎧 73-78

상대방에게 어떤 일을 해달라고 부탁하거나 요청할 때 Will you~?
또는 Would you~?를 쓴다.

Will you **borrow some money?**

Will you **help me?**

Will you **buy me a newspaper?**

Will you **marry me?**

Will you **close the window?**

Will you **show me the picture?**

- 돈 좀 빌려 줄래요?
- 신문 좀 사다 줄래요?
- 창문 좀 닫아 줄래요?

- 나 좀 도와줄래요?
- 나와 결혼해 줄래요?
- 그 사진 보여 줄래요?

8-1 부탁, 요청 asking (2) : Would you ~? 79-84

Would you~?는 과거의 의미가 없는 정중한 표현이다.

Would you mind if I sit here?

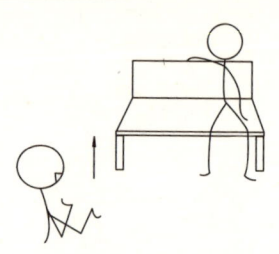

Would you stand up?

Would you pass me a newspaper?

Would you show me a passport?

Would you play the piano?

Would you tie these up with a rope?

- 제가 여기 앉아도 될까요?
- 신문 좀 건네주시겠어요?
- 피아노를 연주해 주실래요?

- 일어나 주시겠어요?
- 여권을 보여 주시겠어요?
- 이것들을 끈으로 묶어 주시겠어요?

8-2 부탁, 요청 asking (3): Can you~? 🔊 85-90

상대방에게 어떤 일을 부탁하거나 요청할 때 Can you~?
또는 Could you~?도 쓸 수 있다.

Can you send me the file?

Can you wait here for a while?

Can you bring me some water?

Can you turn off the radio?

Can you put this on the table?

Can you be quiet?

- 그 파일 나에게 보내줄 수 있어요?
- 물 좀 갖다 줄 수 있어요?
- 이것 좀 테이블에 놔둘래요?

- 여기서 잠시 기다려 줄 수 있어요?
- 라디오 좀 꺼줄 수 있어요?
- 조용히 있어 줄래요?

8-3 부탁, 요청 asking (4) : Could you ~?

MP3 91-96

Could you ~? 역시 과거의 의미는 없고 정중한 표현법이다.

Could you **open the door, please?**

Could you **come here for a moment, please?**

Could you **tell me your name, please?**

Could you **press the fifth floor, please?**

Could you **calm down, please?**

Could you **give me a hand?**

- 문 좀 열어 주실래요?
- 이름을 말해 주시겠어요?
- 좀 진정해 주시겠어요?

- 잠시 여기로 와 주시겠어요?
- 5층을 눌러 주시겠어요?
- 절 좀 도와주시겠어요?

9 제안 suggestions: Shall I~? Shall we~? 🔊 97-102

상대방에게 어떤 행동을 제안하거나 자신이 어떤 행동을 할 것을 제안하는 의문문으로 조동사 shall을 사용한다. 형태는 'Shall we~?(~ 하실까요?)' 또는 'Shall I~?(제가 ~할까요?)' 이다.

Shall I **help you**?

Shall we **sing it together**?

Shall I **get you a chair**?

Shall we **dance**?

Shall I **make you a cup of tea**?

Shall we **take a walk**?

- 제가 도와드릴까요?
- 의자 갖다 드릴까요?
- 차 한 잔 끓여 드릴까요?

- 같이 노래 부르실래요?
- 춤추실래요?
- 산책할까요?

Unit 2 문장의 종류

미국을 비롯한 다른 나라에 가서 살게 되면
처음 몇 달은 여기저기서 이것저것 묻고 다니는 게 일이에요.
근처에 우체국 있나요? 어떻게 가나요? 식초는 어디 있나요?
뭘 갖고 와야죠? 언제까지 제출해야 하나요?
내일까지 제출하면 되죠, 그렇죠?
우리는 실제 생활에서 묻고 대답하는 것이 의사소통의 기본인걸 잘 알아요.
그런데도 영어를 공부하면서 눈만 굴리고 입을 다물고 있는
우리는 묻는 것조차 힘들 때가 많아요. Unit 2에서 확실히 의문문, 부정문
그리고 주어가 행위를 당하는 수동태를 적절히 사용하는 문장들을
연습해 보세요.

English
Ice Break

Chapter 5
네/아니오 의문문

네/아니오 의문문은 그 문장에 대한 대답을 yes 또는 no로 할 수 있는 의문문으로 다음과 같이 분류할 수 있다.

1. be동사로 시작하는 의문문

2. do로 시작하는 의문문

3. have로 시작하는 의문문

4. modal(법조)동사로 시작하는 의문문

의문문은 조동사를 주어 앞으로 옮기면서 도치 구문을 만든다.

1 be동사로 시작하는 의문문 🎵 1-6

be동사가 있는 문장에서는 의문문을 만들 때 **be**동사가 주어 앞으로 이동한다. 질문에 긍정하면 **yes**, 부정하면 **no**로 대답한다.

He is smart. 그는 똑똑하다.   Is he smart? 그는 똑똑한가요?

- Am I late?
- Is that seat free?
- Are you ready to swim?
- Was Mark doing the dishes?
- Are we moving tomorrow?
- Was this computer expensive?

- 제가 늦었나요?
- 수영할 준비가 됐나요?
- 우리는 내일 이사하나요?
- 그 자리 비었습니까?
- 마크가 설거지를 하고 있었나요?
- 이 컴퓨터 비싼가요?

2 do로 시작하는 의문문

일반동사가 쓰인 평서문을 의문문으로 만들 때는 do를 이용한다.
현재 시제, 3인칭 단수에서는 does를 쓰고, 과거 시제에는 did를 쓴다.

You love me. 당신은 나를 사랑해요.

Do you love me? 당신은 나를 사랑하나요?

Do you want to have a dinner with me?

Did you get a new hair cut?

Does it look soft?

Did they offer you a raise?

Does she like chocolate?

Do your parents know you failed the exam?

- 나와 저녁을 먹고 싶어요?
- 그것이 부드럽게 보여요?
- 그녀가 초콜릿을 좋아하나요?
- 당신 머리를 새로 했어요?
- 그들이 월급을 올려 준대요?
- 부모님이 네가 시험에 떨어진 걸 아니?

3 have로 시작하는 의문문 🎵 13-18

현재완료 시제(**have**+과거분사)가 쓰인 문장에서는 **have/has**를 주어 앞으로 옮겨 의문문을 만든다.

You **have** just **finished** the book. 너는 방금 그 책을 다 읽었다.
Have you just **finished** the book? 너는 방금 그 책 다 읽었니?

- Have you ever been in love?
- Have you lost your mind?
- Have you ever been at home alone?
- Have you seen like that?
- Have you ever cooked for your parents?
- Has she arrived yet?

• 사랑에 빠져 본 적 있나요?
• 집에 혼자 있어 본 적 있나요?
• 부모님을 위해 요리해 본 적 있나요?

• 정신 나갔니?
• 저런 거 본 적 있으세요?
• 그녀가 벌써 도착했어요?

4 Modal(법조)동사로 시작하는 의문문 MP3 19-24

법조동사가 포함된 문장을 의문문으로 만들 때는 법조동사를 주어 앞으로 옮겨 만든다. 능력, 가능, 확신, 의무의 의미를 전달한다.

You can swim. 너는 수영을 할 수 있다.
Can you swim? 너는 수영 할 줄 아니?

Will you buy me a new purse?

Must I see that scary movie?

May I use your phone?

Can you hold on for a second?

Can you speak English?

Can you be my dancing partner?

- 나에게 새 지갑을 사 줄래요?
- 전화 좀 써도 될까요?
- 영어를 할 줄 아세요?
- 그 무서운 영화를 봐야 하나요?
- 잠시 기다려 주시겠어요?
- 제 무용 연습 상대가 되어 주시겠어요?

# Chapter 6

Wh 의문문

기본 어순은 '의문사+조동사+주어+동사' 순이다.

yes/no로 대답할 수 없다.

의문사 종류에 따라 다양하게 대답할 수 있다.

who는 사람 이름이나 직업,

when은 시간, where는 장소, how는 방법이나 수단,

why는 이유나 목적 등이 대답으로 나온다.

how의 경우 how often, how much, how big 등으로 묻는다면

좀 더 구체적인 대답이 나올 수 있다.

who
when
where
how
why

I what의 의문문

what은 사물이나 사실에 관한 정보를 물어볼 때 쓴다. 본동사의 의미에 따라 행위, 사건, 직업 등 다양한 정보를 물어볼 수 있다.

What did you do to my cat?

What's the answer to question 13?

What can I do for you?

What did you buy?

What do you do, Bill?

What's his number?

- 내 고양이에게 뭘 한 거예요?
- 도와드릴까요?
- 빌, 하는 일이 뭐예요?

- 13번 문제 답이 뭐야?
- 무엇을 샀나요?
- 그의 전화번호가 뭐예요?

2 what + 명사 7-12

what+명사는 명사의 의미에 따라 시간, 색깔, 크기 등 다양한 분류나 범위를 나타낼 수 있다.

What time is it?

What movie did you see with her?

What color is your car?

What kind of TV show do you like?

What color are her eyes?

What kind of job do you want?

- 지금 몇 시죠?
- 당신의 차 색깔이 무슨 색이에요?
- 그녀의 눈은 어떤 색이죠?

- 그녀와 무슨 영화 봤어요?
- 어떤 종류의 TV쇼를 좋아하세요?
- 어떤 종류의 직업을 원하세요?

3 who 의문문 MP3 13-18

who는 사람을 가리킬 때 쓴다. 주격뿐만 아니라 목적격에도 who를 사용하기 때문에 주어인지 목적어인지 구별하려면 문장 구조나 의미를 정확히 파악해야 한다.

Who is the man standing over there?

Who is he in the bathroom?

Who are you?

Who lives in that house?

Who did you send the letter to?

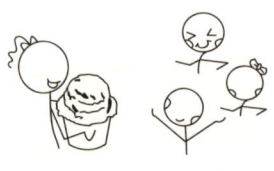

Who wants to eat an ice cream?

- 저기에 서 있는 사람은 누구예요?
- 누구세요?
- 너는 누구에게 그 편지를 보냈어?

- 욕실에 있는 남자는 누구지?
- 저 집에 누가 사나요?
- 누구 아이스크림 먹고 싶은 사람 있어요?

4 when 🎵 19-24

when은 '언제'에 해당하는 의문사로 시간을 물어볼 때 사용한다.

When is your birthday?

When do you want to meet him?

When are you going to clean your room?

When did he finish his homework?

When are you going to get married?

When was our anniversary?

- 생일이 언제예요?
- 언제 네 방을 청소할 거니?
- 언제 결혼할 거예요?
- 언제 그를 만나고 싶어요?
- 그가 언제 숙제를 끝냈지?
- 우리 기념일이 언제였죠?

5 where MP3 25-30

where은 '어디서' 또는 '어디'에 해당하는 의문문으로 장소에 대해 물어볼 때 사용한다.

Where is Bill?

Where are you going to meet him?

Where is my cell phone?

Where do you want to trip?

Where are you now?

Where did you visit last week?

- 빌은 어디 있나요?
- 내 휴대폰이 어디 있지?
- 지금 어디 계세요?

- 어디서 그를 만날 거예요?
- 어디로 여행을 가고 싶으세요?
- 지난 주에는 어디를 방문하셨나요?

6 how (1) 🎵 31-36

how는 '어떻게'에 해당하는 의문사이며 방법이나 상태를 물어볼 때 사용한다.

A: How can I get there?
B: You can go there by subway.

A: How did your interview go?
B: Oh, it went really good.

A: How is the weather today?
B: It's sunny.

A: How do you like your tea?
B: I like my tea with ice.

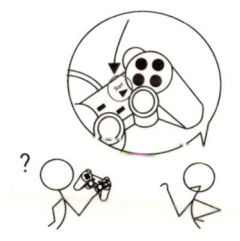

A: How can I use this machine?
B: Just press the button.

A: How do you feel?
B: I'm better now.

- A : 거기에 어떻게 가지요?
  B : 지하철 타고 가시면 돼요.
- A : 오늘 날씨가 어떤가요?
  B : 맑아요.
- A : 이 기계 어떻게 사용하죠?
  B : 그 버튼만 누르시면 돼요.
- A : 면접 어땠어요?
  B : 정말 잘 봤어요.
- A : 차는 어떻게 해드릴까요?
  B : 얼음을 채워서 주세요.
- A : 좀 어때?
  B : 지금은 나아졌어.

6-1 how (2) 🎵 37-42

how는 long, often, much, many, far, old와 함께 길이, 빈도, 수량, 나이 등을 나타낸다.

A: How long will it take for dry cleaning?
B: About an hour.

A: How many people are in there?
B: Just three.

A: How often do the buses run?
B: Every hour.

How far is it from here to bus stop?

A: How much is it?
B: Five dollars.

How old is your father?

- A: 드라이 클리닝 하는데 얼마나 걸릴까요?
  B: 한 시간쯤이요.
- A: 얼마나 자주 버스가 다니나요?
  B: 한 시간마다 다녀요.
- A: 그건 얼마예요? B: 5달러예요.
- A: 거기에 사람이 얼마나 많아요?
  B: 세 명이요.
- 여기서 버스 정류장까지 얼마나 멀어요?
- 아버님 연세가 어떻게 되세요?

7 why

why는 이유나 목적을 물을 때 사용한다. 제안을 할 때 why don't you~? /why don't we~? 라는 표현을 쓰기도 한다.

Why are you wearing your new jacket?

Why don't you take a subway?

Why is your hair wet?

Why don't you visit our office this afternoon?

Why was the meeting called off?

Why don't we have spaghetti for lunch?

- 왜 새 재킷을 입고 있어요?
- 머리가 왜 젖었어요?
- 회의가 왜 취소됐었나요?

- 지하철을 타지 그래요?
- 오늘 오후에 우리 사무실로 오는 게 어때요?
- 점심으로 스파게티 먹을까요?

Chapter 7
부정문과 부가의문문

의문문은 꼭 궁금해서 또는 몰라서 묻는 데만 사용하는 것은 아니다.
내 생각이나 의견을 상대방에게 확인 받고 싶어할 때도 의문문을 쓴다.
이러한 의문문을 부가의문문이라고 한다. 부가의문문(tag questions)은 평서문과
의문문이 섞여 있고, 긍정과 부정이 혼합되어 있어서 복잡하게 느껴진다.
어렵지만 실제로 굉장히 많이 사용되는 표현이니까 꼼꼼히 익혀 보자.

부가의문문의 기본 구조

1. 주절이 긍정이면 tag는 부정

2. 주절이 부정이면 tag는 긍정

3. 주절은 평서문 tag는 의문문 어순

Ⅰ 부정문 MP3 1-6

His room is not clean.

I won't take the Yoga class.
It seems hard.

She didn't listen to me.
She was watching TV.

I couldn't stop yelling at her.
I was so angry.

They haven't gone to
New York yet.

You shouldn't work today.
You're sick.

• 그의 방은 깨끗하지 않다. • 그녀는 내 말을 듣지 않았어요. TV를 보고 있었거든요. • 그들은 아직 뉴욕에 가지 않았다.

• 나는 요가를 신청하지 않을 거예요. 어려워 보이거든요. • 나는 그녀에게 소리치는 것을 멈출 수가 없었어요. 너무 화가 났거든요. • 당신 오늘 출근하지 마세요. 아프잖아요.

2 부가 의문문: be동사 🎧 7-12

be동사가 쓰인 문장에서는 그 문장에서 쓰인 be동사를 사용해서 부가의문문을 만든다.

You're a student, aren't you?

Bill isn't a teacher, is he?

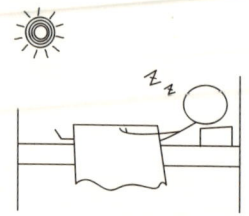

He's going to take a nap this afternoon, isn't he?

They're not working now, are they?

She was pretty, wasn't she?

It's not your fault, is it?

- 당신은 학생이에요, 그렇지 않나요?
- 그는 낮잠을 잘 거에요, 그렇지 않나요?
- 그녀는 예뻐요, 그렇지 않아요?

- 빌은 선생님이 아니에요, 그렇죠?
- 그들은 지금 일하고 있지 않아요, 그렇죠?
- 그건 당신 잘못이 아니에요, 그렇죠?

2-1 부가의문문: do

일반동사가 쓰인 문장에서는 do/does를 사용하여 부가의문문을 만들며, 과거 시제일 때에는 모두 did를 사용한다.

You live in Seoul, don't you?

We don't have any plan for vacation, do we?

The baby looks so cute, doesn't he?

I didn't tell anything to her, did I?

You passed the exam, didn't you?

It didn't hurt you, did it?

- 당신은 서울에 살죠, 그렇지 않아요?
- 아기가 참 귀여워요, 그렇지 않아요?
- 너는 시험에 통과했어, 그렇지 않니?

- 우리는 휴가 계획이 없어요, 그렇죠?
- 난 그녀에게 아무 말도 안 했어, 그렇지?
- 그게 널 다치게 하진 않았잖아, 그렇지?

2-2 부가의문문: have 🎧 19-24

현재완료 시제가 쓰인 문장에서는 have/has를 사용하여 부가의문문을 만든다.

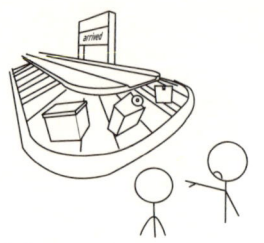

My luggage has arrived, hasn't it?

He hasn't been there before, has he?

You have heard this story, haven't you?

Dad hasn't arrived yet, has he?

It's been long time, hasn't it?

The music hasn't played too loudly, has it?

- 내 짐이 도착했어요, 그렇지 않아요?
- 너는 이 이야기를 들은 적 있어, 그렇지 않아?
- 정말 오래되었네요, 그렇지 않아요?

- 그는 전에 거기에 가본 적이 없죠, 그렇죠?
- 아빠는 아직 오지 않으셨죠, 그렇죠?
- 음악이 그렇게 시끄럽진 않았죠, 그렇죠?

2-3 부가 의문문: 법조동사 🎵 25-30

will, can, should와 같은 법조동사가 쓰인 문장에서는 그 앞의 문장에 쓰인 법조동사를 사용하여 부가의문문을 만든다.

They should do homework, shouldn't they?

They won't take the Yoga class, will they?

She can cook by herself, can't she?

He can't speak English, can he?

The baby can walk by himself, can't he?

Sara won't come here, will she?

- 그들은 숙제를 해야 해요, 그렇지 않아요?
- 그녀는 혼자서 요리를 할 수 있어요, 그렇지 않아요?
- 그 아기는 혼자 걸을 수 있어요, 그렇지 않아요?

- 그들은 요가를 하지 않을 거예요, 그렇죠?
- 그는 영어를 못해요, 그렇죠?
- 사라는 여기 오지 않을 거예요, 그렇죠?

Chapter 8
수동태

'사랑해요.'는 영어로 'I love you.'이다. 한국어로 '나는 너를 사랑해.'라고 말할 때는 특별한 상황일 것이다. 하지만 영어에서는 'I'하고 'you'를 꼭 집어서 말한다. 영어는 '누가' 했는지 까다롭게 따지는 언어이다. 우리는 누가 했는지 서로 알고 있으면 대충 넘어가지만, 영어는 그냥 넘어가지 않는다. 누가 했는지 분명하게 말할 때는 능동태를 쓰고, 무엇이 어떻게 되었는지에 초점을 맞추면 수동태가 된다.

수동태 만드는 법

수동태를 만들 때는 능동태의 목적어가 주어 자리로 이동하고, 동사는 '**be**+과거분사 (**p.p.**)'로 바꾼다. 능동태의 주어는 수동태 동사 뒤에 '**by**+행위자'로 표시된다.

They built the bridge.

The bridge was built by them.

이때 be동사에 주어의 단수/복수를 일치시켜야 하고, 시제도 be동사에 표시한다.

I 능동태와 수동태

능동태는 행위자를 주어로 내세우고, 수동태는 행위를 받는 목적어를 주어로 내세운다.

능동태	수동태
Tom wrote this book.	This book was written by Tom.
He gave the watch to me.	The watch was given to me by him.
I saw you in the park yesterday.	You were seen by me in the park yesterday.

- 톰이 이 책을 썼다.
- 그는 나에게 그 시계를 주었다.
- 나는 어제 공원에서 너를 보았다.

- 이 책은 톰이 썼다.
- 그 시계는 그가 나에게 준 것이다.
- 너는 어제 공원에서 나에게 목격되었다.

2 부정문과 의문문 🔊 7-12

수동태, 부정문에서는 부정어 not이 be동사 뒤에 오고, 의문문에서는 be동사가 주어 앞으로 이동한다.

I wasn't born in New York.

Is the museum closed now?

They aren't invited to the party.

Where is the war broken out?

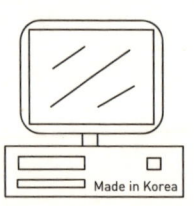

The computer wasn't made in Germany.

When were the movie Titanic directed by you?

- 나는 뉴욕에서 태어나지 않았다.
- 그들은 파티에 초대받지 못했다.
- 그 컴퓨터는 독일제가 아니었다.

- 지금 박물관은 닫혔나요?
- 어디서 전쟁이 났나요?
- 언제 영화 타이타닉이 당신에 의해 연출되었나요?

3 'by+행위자'의 생략 13-18

수동태 문장에서 (1)누가 했는지 분명치 않거나 중요하지 않을 때 (2)행위자가 누구인지 밝히지 않아도 알 수 있거나 일반 사람들일 때는 'by+행위자'를 쓰지 않는다.

The American Continent was found in 1492.

He is well known as a singer.

The painting of Picasso is exhibited in the museum.

I can't enter a room. The door is closed.

Stars are seen at night.

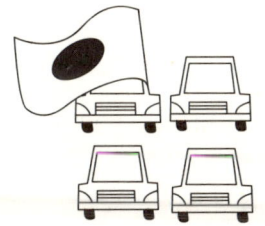

These cars are made in Japan.

- 아메리카 대륙은 1492년에 발견되었다.
- 피카소의 그림은 박물관에 전시되어 있다.
- 별들은 밤에 보인다.

- 그는 가수로 잘 알려져 있다.
- 나는 방에 들어갈 수가 없어. 그 문이 닫혀 있거든.
- 이 자동차들은 일본에서 만들어졌다.

4 수동태의 시제: 현재 시제 🎵 19-24

현재 시제의 수동태는 'is/are+과거분사(p.p.)' 이다. be동사에 시제가 표시된다.

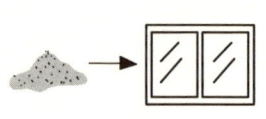

Glass is made from sand.

My car is washed.

This program is shown on TV.

My leg is broken.

Where are concert tickets sold?

The magazine is read by teenagers.

- 유리는 모래에서 만들어진다.
- 이 프로그램은 TV에서 방영되었다.
- 콘서트 티켓은 어디서 판매되나요?
- 나는 차를 세차했다.
- 내 다리가 부러졌어.
- 그 잡지는 10대들이 읽는다.

4-1 수동태의 시제: 현재진행 시제 25-30

현재진행 시제의 수동태는 'is/are being+p.p.' 형태이다. 'is/are being'이 진행 시제를 만들고, 'being p.p.'가 수동태를 만든다.

Dinner is being cooked by her.

The building is being built.

My car is being washed.

My bicycle is being repaired.

The house is being burnt.

The picture is being painted.

- 저녁 식사를 그녀가 준비 중이다.
- 내 차가 세차되고 있는 중이다.
- 집이 불타고 있다.

- 건물을 짓고 있다.
- 내 자전거는 수리 중이다.
- 그림이 그려지고 있다.

4-2 수동태의 시제: 과거 시제 🎧 31-36

수동태 과거 시제는 'was/were+p.p.' 형태이다. was/were에 시제가 표현된다.

The worked was done by Tom.

The drums were played by him.

The bill wasn't paid by Sara.

My room was cleaned by Mom.

My computer was repaired yesterday.

The math question was solved by her.

- 그 일은 톰이 끝냈다.
- 그 요금은 사라가 내지 않았다.
- 내 컴퓨터는 어제 수리되었다.

- 드럼은 그가 연주했다.
- 내 방은 엄마가 청소했다.
- 그 수학 문제는 그녀가 풀었다.

4-3 수동태의 시제: 현재완료 시제

수동태의 현재완료 시제는 'have/has been+p.p.' 형태이다.
'have/has been'이 현재완료 시제를 만들고, 'been p.p.'가 수동태를 만든다.

A diary has been kept since I was 10.

I have been interviewed three times this year.

The book has been written by her for a year.

She has been respected by many people.

The books have just been packed.

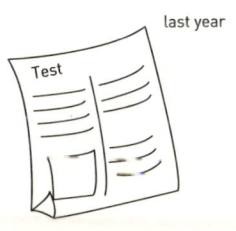

The test has been taken since last year.

- 일기는 내가 10살 때부터 썼다.
- 그 책은 그녀가 1년 동안 썼다.
- 그 책들은 방금 포장되었다.
- 나는 올해 면접을 세 번 보았다.
- 그녀는 많은 사람들에게 존경 받아 왔다.
- 그 시험은 작년부터 시행되어 왔다.

4-4 수동태의 시제: 미래 시제

수동태 미래 시제는 'will be+p.p.' 또는 'is/are going to be+p.p.' 형태이다.
will과 be going to를 사용하는 것은 미래 시제 용법과 동일하다.

The work will be done by Bill.

The subway station is going to be completed next month.

The door will be closed at 7.

My new computer is going to be delivered next week.

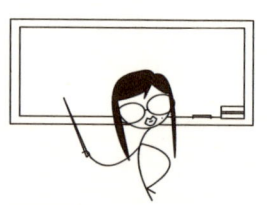

This class will be taught by Sara.

When is her new book going to be published?

- 그 일은 빌에 의해서 이루어질 것이다.
- 7시에 문이 닫힐 것이다.
- 이 반은 사라가 가르칠 것이다.

- 지하철역은 다음 달에 완성될 것이다.
- 나의 새 컴퓨터가 다음 주에 배달될 것이다.
- 언제 그녀의 새 책이 출판되나요?

5 법조동사가 있는 표현 🔊 49-54

본동사는 다양한 상황에서 법조동사와 함께 쓰여 다양한 의미를 전달한다. 이때 수동태는 '법조동사+be+p.p.'의 형태이다.

The work must be done by noon.

You may be injured during the match.

Your book should be returned by tomorrow.

My computer can be fixed by my father.

The box can't be moved. It's too heavy.

My cat should be escaped from the cage.

- 그 일은 정오까지 완료되어야 한다.
- 너의 책은 내일까지 반납되어야 한다.
- 그 박스는 옮겨질 수 없다. 너무 무겁다.

- 너는 경기 중에 부상을 당할지도 모른다.
- 내 컴퓨터는 아버지가 고칠 수 있을 것이다.
- 내 고양이는 우리에서 풀어 주어야 한다.

6 수동태의 관용적인 형태

수동태는 전치사와 함께 관용적으로 사용되는 표현이 많다.

be interested in ~에 흥미가 있다.

be satisfied with ~에 만족하다.

be surprised at ~에 놀라다.

be worried about ~에 대해 걱정하다.

be involved in ~에 참여하다.

be pleased with ~로 기뻐하다.

be covered with ~로 덮여있다.

be known to ~에게 알려져 있다.

be known for ~때문에 알려져 있다.

be filled with ~로 채워져 있다.

be made of ~로 만들어지다. (물리적 변화)

be made from ~로 만들어지다. (화학적 변화)

6-1 관용적인 표현 (1) 🔊 55-60

I am interested in collecting coins.

My mom was worried about me.

You were satisfied with their help.

I was pleased with passing the exam.

They were surprised at the news.

I'm involved in the soccer team.

- 나는 동전을 모으는 데에 흥미가 있다.
- 너는 그들의 도움에 만족했다.
- 그들은 그 소식에 놀랐다.
- 엄마는 나를 걱정하셨다.
- 나는 시험을 통과해서 기뻤다.
- 나는 축구팀에 속해 있다.

6-2 관용적인 표현 (2) 🎧 61-66

The desk is covered with dust.

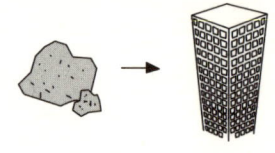

This building is made of stone.

She is known for her beauty.

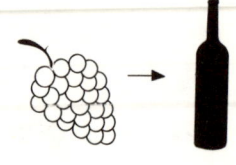

Wine is made from the grapes.

A cup is filled with ice cubes.

Many Korean movie stars are known to Japanese people.

- 책상이 먼지로 덮여 있다.
- 그녀는 미모로 유명하다.
- 컵은 얼음으로 채워져 있다.
- 이 건물은 돌로 만들어져 있다.
- 와인은 포도로 만들어진다.
- 많은 한국 영화배우들이 일본에 알려져 있다.

Unit 3 준동사

동사는 일 욕심이 많아서 명사, 형용사, 부사 역할까지 떠맡으려고 해요.
문장을 두 토막내면 주부와 술부로 나눌 수 있어요.
주부는 주어와 주어를 수식하는 부분을 합친 것이고, 술부는 동사와 동사 뒤에 나오는 요소를 묶은 것이죠. 그런데 이 술부는 본동사로만 쓰이는 것이 아니라 명사, 형용사, 부사 역할을 할 수도 있어요.
이를 준동사라고 해요. 준동사는 부정사, 동명사, 분사가 있어요.
(1) 부정사는 명사, 형용사, 부사 역할까지 맡아 해요.
(2) 동명사는 이름 그대로 명사 노릇만 합니다.
(3) 분사는 형용사와 부사 대신 쓸 수 있어요.

Chapter 9
to부정사

동사 앞에 to를 붙이면 동사는 여러 가지를 할 수 있다. 다만 본동사로 쓸 수 없을 뿐, 목적어를 취하거나 부사의 수식을 받는 동사의 성격도 그대로 갖고 있다. 명사, 형용사, 부사 노릇을 혼자 다 할 수 있는 to부정사를 살펴보자.

To be on time is important.
To be on time이 문장의 주어니까 to부정사가 명사로 쓰였다.

• •

Give me something to drink.
to drink가 앞에 있는 명사 something을 수식하니까 형용사로 쓰였다.

• •

I went to the store to buy some bread.
to buy some bread가 '목적'을 의미하면서 동사 went를 수식하니까 부사로 쓰였다.

1 to부정사의 주어 역할 🔊 1-6

to부정사는 주어가 될 수 있지만 자주 쓰지 않는다. 이때는 가주어 it을 내세우고 뒤로 이동하면서 형용사 뒤에 오는 경우가 대부분이다.

To be on time is important.
It is important to be on time.

To use the ladder is safe.
It is safe to use the ladder.

To learn English is difficult.
It is difficult to learn English.

To run a small car is cheap.
It is cheap to run a small car.

To study hard is essential.
It is essential to study hard.

To forget the tickets was silly.
It was silly to forget the tickets.

- 시간을 지키는 것은 중요하다.
- 영어를 배우는 것은 어렵다.
- 열심히 공부하는 것이 중요하다.

- 그 사다리를 사용하는 것은 안전하다.
- 작은 차를 운행하는 것이 비용이 싸다.
- 티켓을 잊고 온 것은 어리석었다.

2 동사+to부정사 형태

이 형태의 to부정사는 동사의 목적어와 명사 역할을 수행한다. 다음 동사 뒤에 목적어 대신 동사가 올 때는 to부정사가 온다.

I want some money.

I want to borrow some money.

- 나는 돈을 원합니다.
- 나는 돈을 빌리고 싶습니다.

agree 동의하다.

arrange 일정을 잡다.

ask 요구하다.

choose 선택하다.

decide 결정하다.

expect 기대하다.

hope 소망하다.

need 필요로 하다.

offer 제공하다.

plan 계획하다.

promise 약속하다.

refuse 거절하다.

try 노력하다.

want 원하다.

would like ~하고 싶다.

2-1 동사 + to부정사 9-14

She agreed to lend him some money.

They've decided to start a new company.

I'm hoping to get a new bike soon.

You promised to help me.

I've arranged to play tennis tonight.

I'm tired. I need to sleep.

- 그녀는 그에게 돈을 빌려 주기로 했다.
- 나는 곧 새 자전거를 구입하기를 바라고 있다.
- 나는 오늘 밤 테니스를 치기로 했다.
- 그들은 새 회사를 시작하기로 결정했다.
- 너는 날 도와주기로 약속했어.
- 나 피곤해. 나는 자야 해.

3 동사+목적어+to부정사 형태 🎧 15-16

이 형태의 to부정사는 목적보어이며 명사 역할을 수행하고, 목적어가 to부정사의 주어이다.

I want to go home.　　　　I want him to go home.

• 나는 집에 가기를 원한다.　　　• 나는 그가 집에 가기를 원한다.

advise 충고하다.　　　　**persuade** 설득하다.

allow 허가하다.　　　　**remind** 상기시키다.

ask 부탁하다.　　　　　**teach** 가르치다.

encourage 격려하다.　　**tell** 말하다.

forbid 금지하다.　　　　**want** 원하다.

force 강제로 시키다.　　**would like** ~바라다.

invite 초대하다.

3-1 동사 + 목적어 + to부정사 🎧 17-22

She asked me to make some coffee.

I've wanted her to be my girlfriend for a long time.

I invited Sara to come to my birthday party.

The teacher advised me to take a note.

My mom told me to take a rest.

My parents allowed me to go out tonight.

- 그녀가 나에게 커피를 끓여 달라고 부탁했다.
- 나는 사라에게 내 생일 파티에 오라고 초대했다.
- 엄마가 나에게 쉬라고 말했다.

- 나는 오랫동안 그녀가 내 여자 친구가 되어 주길 원했다.
- 선생님이 나에게 필기를 하라고 조언해 주었다.
- 부모님이 오늘 밤 외출을 허락했다.

4 동사+목적어+to 없는 부정사 형태 MP3 23-28

to 없는 부정사를 흔히 원형부정사라고 한다. 이 형태로 쓰이는 동사는 사역동사와 지각동사가 있고, help는 to부정사와 원형부정사를 모두 취할 수 있다.

사역동사 **make, have, let, help**

지각동사 **see, hear, feel, watch, listen to, look at**

 He made the baby cry.	 I saw Sara enter the restroom.
 The teacher let me clean the classroom.	 I heard the rain fall on the roof.
 Tom will help me (to) do my homework tonight.	 My parents watched me play basketball.

- 그가 아기를 울렸다.
- 선생님이 나에게 교실 청소를 시켰다.
- 톰은 오늘 밤 내 숙제를 도와줄 것이다.
- 나는 사라가 화장실에 들어가는 것을 보았다.
- 나는 지붕에 비가 떨어지는 소리를 들었다.
- 부모님은 내가 농구하는 것을 지켜보았다.

5 명사+to부정사

명사 뒤에 to부정사가 와서 그 명사를 수식하는 형용사 역할을 하기도 한다.

I'd like something to drink.

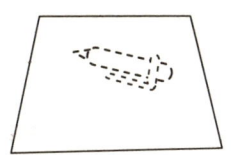
I don't have a pen to write memo with.

You don't have any money to buy a new bike.

I have a lot of homework to do.

Do you have something to read?

It's time to go to bed.
It's 11 o'clock already.

- 나는 마실 것을 원해요.
- 너는 새 자전거를 살 돈이 없다.
- 뭐 읽을 만한 걸 가지고 있으세요?

- 나는 쪽지를 쓸 펜이 없다.
- 나는 해야 할 숙제가 많다.
- 자러 갈 시간이네. 벌써 11시야.

6 형용사+to부정사 형태 _성격이나 태도

형용사 뒤에 동사가 오면 to부정사이다. 이때 to부정사가 (1)가주어 it를 내세우고 뒤로 이동한 진주어인 경우에는 명사의 역할과 (2)앞에 있는 형용사를 수식하는 부사의 역할을 하기도 한다.

성격이나 태도를 나타내는 형용사

nice, kind 친절한 courteous 예의 바른 diligent 부지런한
clever, smart 똑똑한 wise 지혜로운 foolish, silly 어리석은
careful 주의 깊은 careless 부주의한 crazy 미친, 어처구니 없는 rude 무례한

It was foolish to say so.

She was careless to break the vase.

It is rude to call him an idiot.

He was foolish to tell her his password.

It is nice to help me with the homework.

Sara is kind to work for the poor.

- 그렇게 말하는 것은 어리석었다.
- 그를 멍청이라고 부르는 것은 무례한 일이다.
- 내 숙제를 도와주다니 친절하구나.
- 꽃병을 깨뜨리다니 그녀는 조심스럽지 못했다.
- 그녀에게 암호를 말하다니 그는 어리석었다.
- 가난한 사람들을 위해 일하다니 사라는 마음이 곱다.

7 형용사+to부정사 형태 _감정 표현

감정을 표현하는 형용사 뒤에 to부정사가 오면 to부정사는 앞에 있는 형용사를 수식하는 부사의 역할을 하며, 의미상으로는 그런 감정이 일어난 '원인'을 나타낸다.

감정을 표현하는 형용사

glad 기쁜 **good** 기분 좋은 **happy** 행복한
pleased 기쁜 **angry** 화난 **sorry** 미안한, 유감스러운
sad 슬픈 **surprised** 놀란 **disappointed** 실망한

I'm happy to see you again.

They were sorry to say that I was fired.

I was surprised to get Tom's letter.

I feel so good to know the news.

My mom was pleased to see me get healthy.

She was so glad to pass the exam.

- 나는 너를 다시 만나 기쁘다.
- 나는 톰의 편지를 받고 놀랐다.
- 엄마는 내가 건강해지는 것을 보고 기뻐했다.
- 그들은 내가 해고된 사실을 말하면서 미안해 했다.
- 나는 그 소식을 듣고 기분이 좋다.
- 그녀는 시험에 합격해서 매우 기뻐했다.

8 형용사+to부정사 형태 _명사 또는 부사 역할_ 🔊 47-52

다음과 같은 형용사 뒤에도 to부정사가 나온다. 이때 진주어로서 명사 역할을 하거나, 앞의 형용사를 수식하는 부사 역할을 수행한다.

able 할 수 있는 **willing** 기꺼이 ~하는 **ready** 준비된 **important** 중요한
necessary 필요한 **essential** 필수적인 **convenient** 편리한
dangerous 위험한 **difficult** 어려운 **hard** 어려운 **easy** 쉬운

I'm able to read easily books in English.

It's important to study hard.

Students are ready to go camping.

The store is convenient to buy some food.

It's impossible to hear you.

It was hard to understand what he's saying.

- 나는 영어책을 쉽게 읽을 수 있다.
- 학생들은 캠핑 갈 준비를 다 했다.
- 네 목소리를 들을 수가 없다.
- 열심히 공부해야 한다.
- 그 상점은 음식을 구입하기 편리하다.
- 그가 말하는 것은 이해하기 어려웠다.

9 enough와 too

enough는 형용사나 부사 뒤에 위치하고 to부정사가 뒤따른다. (enough to do: ~할 만큼 충분히) too는 형용사나 부사 앞에 위치하고 부정의 의미를 띤다. (too ~ to do: 너무 ~해서 ~할 수 없다.)

Tom is old enough to go into the army.

I'm too full to eat another sandwich.

I'm tall enough to join the basketball team.

Tom is too sleepy to study any longer.

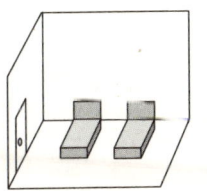

The room was wide enough to have two beds.

His eyes are too bad to drive anymore.

- 톰은 군대 갈 만큼 나이가 들었다.
- 나는 농구팀에 들어갈 정도로 키가 크다.
- 그 방은 침대 2개가 들어갈 만큼 넓다.
- 나는 너무 배불러서 더 이상 샌드위치를 먹을 수 없다.
- 톰은 너무 졸려서 더 이상 공부할 수가 없다.
- 그는 시력이 너무 나빠서 더 이상 운전을 할 수 없다.

10 목적 🎧 59-64

to부정사는 '목적'을 나타낼 수 있다. to부정사 혼자서 목적을 나타낼 수 있지만 in order to do, so as to do(~하기 위하여, ~하려고)의 형태로 표현할 수도 있다.

I went to the store to buy some bananas.

They study hard to get a high score on the exam.

I was waiting for the bus to go to the museum.

We're practicing dancing so as to win the contest.

I visited my grandmother to give her a present.

I turned on the television in order to watch the news.

- 나는 바나나를 사러 가게에 갔다.
- 나는 박물관에 가려고 버스를 기다리고 있었다.
- 나는 할머니께 선물을 드리려고 할머니 댁에 방문하였다.
- 그들은 시험에서 높은 성적을 거두기 위해 열심히 공부한다.
- 우리는 대회에서 우승하기 위해 춤을 연습하고 있다.
- 나는 뉴스를 보기 위해 텔레비전을 켰다.

Chapter 10

동명사

to부정사가 재주를 많이 부리는 반면에 동명사는 우직하게 자기 역할에 충실하다.
동사(v)-ing 형태로 오직 명사 역할만 한다.

Being on time is important.

Being on time이 문장의 주어이다.

I finished writing the report.

writing the report는 동사 finished의 목적어이다.

I'm thinking of going to England.

going to England는 전치사 of의 목적어이다.

동명사는 to부정사와 마찬가지로 목적어를 취하고 부사의 수식을 받는
동사의 성격을 동시에 지닌다.

1 동사+동명사 형태

다음 동사 뒤에 목적어 대신 동명사가 올 때가 많다.

I enjoyed the movie. | I enjoyed watching the movie.

- 나는 그 영화가 마음에 들었다.
- 나는 그 영화를 보는 게 즐거웠다.

avoid 피하다.

can't help ~하지 않을 수 없다.

consider 고려하다.

enjoy 즐기다.

finish 끝내다.

give up 포기하다.

imagine 상상하다.

keep 계속하다.

mind 꺼려하다.

postpone 연기하다.

quit 그만두다.

suggest 제안하다.

1-1 동사+동명사 🎧 3-8

He kept making noise.

Jason quit smoking.

Would you mind shutting the door?

I usually avoid driving in the rush hour.

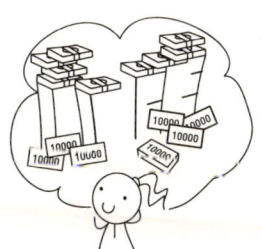

She imagines earning a lot of money.

Harry suggested having a party.

- 그는 계속해서 시끄럽게 했다.
- 문을 좀 닫아 주시겠습니까?
- 그녀는 많은 돈을 버는 것을 상상한다.

- 제이슨은 담배를 끊었다.
- 나는 보통 출퇴근 시간에 운전하는 것을 피한다.
- 해리는 파티를 열자고 제안했다.

2 go+v-ing

go 뒤에 오는 동사는 대부분 to부정사로서 '목적'을 의미하지만 야외에서 하는 활동은 'go+v-ing' 형태를 쓴다.

I'm going shopping.

My father is going fishing this Sunday.

Let's go swimming this afternoon.

When do you go skiing?

She goes dancing at weekends.

this weekend

They're going camping this weekend.

- 나는 쇼핑하러 가는 중이다.
- 오늘 오후에 수영하러 가자.
- 그녀는 주말마다 춤추러 간다.
- 아버지는 이번 일요일에 낚시하러 가십니다.
- 당신은 언제 스키를 타나요?
- 그들은 이번 주말에 캠핑하러 간다.

3 전치사+동명사 15-20

전치사 뒤에 동사가 오면 동명사 형태로 쓴다.

I apologized for making a mistake.

I'm looking forward to seeing my friends again.

Are you interested in traveling around?

The thief got in by breaking a window.

Sara is used to working late at the office.

Lara doesn't feel like cooking tonight.

- 나는 실수를 사과했다.
- 당신은 여행에 관심있어 하나요?
- 사라는 늦게까지 일하는 게 익숙해졌다.
- 나는 친구들을 다시 만나고 싶다.
- 도둑이 창문을 깨고 들어왔다.
- 라라는 오늘 밤 요리할 기분이 아니다.

4 to부정사와 동명사 (1) 🎵 21-26
의미상 차이가 거의 없을 때
begin, start, like, love, prefer, hate, continue

I love to swim.
I love swimming.

She began to run.
She began running.

I like to see a movie.
I like seeing a movie.

He continued to water flowers.
He continued watering flowers.

I prefer reading books outside.
I prefer to read books outside.

Tom hates to take an exam.
Tom hates taking an exam.

- 나는 수영을 좋아한다.
- 나는 영화 보는 것을 좋아한다.
- 나는 밖에서 책 읽기를 좋아한다.

- 그녀는 달리기 시작했다.
- 그는 계속 꽃에 물을 주었다.
- 톰은 시험 보는 것을 싫어한다.

4-1 to부정사와 동명사 (2)

의미상 차이가 있을 때_ remember, forget, regret

I remember to pay her the money.

I remember paying her the money yesterday.

Don't forget to call Sara.

I'll never forget seeing the castle.

I regret to tell you about the accident.

I regret telling you the story.

- 나는 그녀에게 돈을 줘야 한다는 것을 기억한다. • 잊지 말고 사라에게 전화해. • 당신에게 그 사고에 관한 소식을 전하게 되어 유감입니다.
- 내가 어제 그녀에게 돈을 준 것을 기억한다. • 나는 그 성을 본 것을 결코 잊지 못할 것이다. • 너한테 그 이야기를 해 준 걸 후회한다.

5-2 to부정사와 동명사 (3) MP3 30-32

의미상 차이가 있을 때_ stop, try

He tried to lift that heavy stone.

He tried lifting that heavy stone. It was lifted easily.

She tried to pass the exam.

She tried taking the exam.

He stopped to smoke when he was walking.

He stopped smoking.

- 그는 그 무거운 돌을 들어 올리려고 노력했다.
- 그녀는 시험에 합격하려고 노력했다.
- 그는 걷다가 담배 피우기 위해 멈췄다.

- 그는 그 무거운 돌을 시험 삼아 들어 올렸다. 쉽게 들어 올려졌다. • 그녀는 그 시험을 한번 치러 보았다. • 그는 담배를 끊었다.

Chapter 11

분사

분사에서 우리는 동사의 놀라운 변신을 다시 한번 볼 수 있다.
-ing(현재분사)라는 꼬리표는 동명사와 똑같고,
-ed(과거분사)는 과거동사와 헷갈린다.
하지만 하는 행동은 형용사 대리인이다.
여기에 능동과 수동의 의미를 구별하기도 한다.

1. 분사는 현재분사(v-ing)와 과거분사(v-ed)가 있다.

2. 현재분사는 능동의 의미를,
   과거분사는 수동의 의미를 전한다.

3. 분사는 명사 앞과 뒤에서 명사를 수식한다.

4. 분사는 be동사 뒤에서 주어를 수식하기도 한다.

1 분사의 위치와 형태

동사가 명사 앞이나 be동사 뒤에서 명사를 수식하는 형용사로 쓰일 때가 있다. 현재분사는 능동의 의미를, 과거분사는 수동의 의미를 지닌다. 또한 한 단어짜리 분사는 명사 앞에 오고, 긴 분사구는 명사 뒤에 온다.

The news surprised the students.

the surprising news

놀라운 소식

the news surprising the students

학생들을 놀라게 한 소식

The news surprising the students came last Friday.

학생들을 놀라게 한 소식은 지난 주 금요일에 전해 졌다.

The students were surprised at the news.

the surprised students

놀란 학생들

the students surprised at the news

그 소식에 놀란 학생들

The students surprised at the news burst into tears.

그 소식에 놀란 학생들은 눈물을 터뜨렸다.

2 현재분사 MP3 1-6

현재분사가 수식하는 명사가 의미상의 주어가 되어 능동의 의미를 나타낸다.

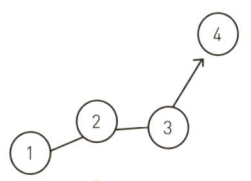

the growing number
The number is growing.

a barking dog
The dog is barking.

the boiling water
The water is boiling.

the rising cost
The cost is rising.

the cheering crowds
The crowds are cheering.

a sleeping baby
The baby is sleeping.

- 늘어나는 숫자/숫자가 증가하다.
- 끓는 물/물이 끓고 있다.
- 환호하는 군중/군중이 환호하고 있다.
- 짖는 개/개가 짖고 있다.
- 상승하는 비용/비용이 상승하고 있다.
- 잠자는 아기/아기가 잠자고 있다.

3 과거분사 7-12

과거분사가 수식하는 명사가 의미상의 주어가 되어 수동의 의미를 나타낸다.

a reserved seat
The seat is reserved.

some written information
The information was written.

a stolen car
The car was stolen.

a signed copy
The copy was signed.

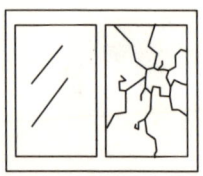

a broken glass
The glass was broken.

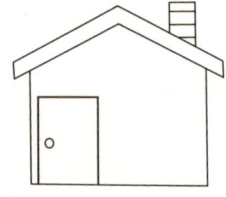

the closed door
The door is closed.

- 예약된 좌석/그 좌석은 예약되어 있다.
- 도난 당한 차/그 차는 도난 당했다.
- 깨진 유리/그 유리는 깨졌다.
- 글로 적은 정보/그 정보는 글로 적혔다.
- 서명된 서류/그 서류는 서명되었다.
- 닫힌 문/그 문은 닫혀 있다.

4 분사형용사 (1) 13-15

사람의 반응이나 감정을 불러 일으키는 동사는 분사로 쓰일 때 진행 시제가 아니라는 점에서 동사의 성격을 잃고 형용사화 된다. 단, 능동과 수동의 의미는 구별해야 한다.

a boring party

the bored guests

an interesting game

the interested audience

a shocking event

a shocked student

- 따분한 파티
- 재미있는 경기
- 충격적인 사건

- 따분해 하는 손님들
- 재미있어 하는 관객
- 충격 받은 학생

4-1 분사 형용사 (2) 16-18

an exciting concert

the excited students

the disappointing score

the disappointed parents

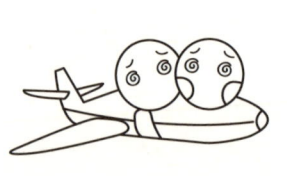

a tiring journey

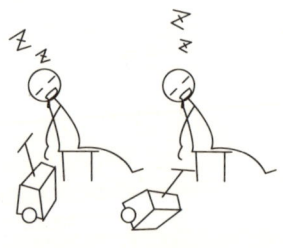

the tired travelers

- 흥미진진한 연주회
- 실망스러운 점수
- 지치는 여행

- 흥분한 학생들
- 실망한 부모님
- 지친 여행자들

Unit 4 명사와 명사구

세상의 모든 것에는 이름이 있어요. 이를 문법에서는 명사라 해요. 이름을 부를 때는 예의가 필요하죠. 세상에 하나 밖에 없는 나를 오늘은 민정아! 내일은 다미야! 라고 부른다면 듣는 사람도 말하는 사람도 무지무지 혼란스러울 거예요. 개는 '개', 고양이는 '고양이'라 정확하게 불러 줘야겠지요.

1 하나인지 여럿인지 구별해 줘야 한다. (단수/복수)
2 물, 공기처럼 셀 수 없는 것은 양으로 따진다.
  (셀 수 있는 명사와 셀 수 없는 명사)
3 대충 부를 건지, 콕 집어 부를 건지도 생각해야 한다. (관사)
4 수와 양을 따질 때 앞에 붙는 것하고 맞아 떨어져야 한다. (한정사)
5 명사는 자기 대신 다른 녀석을 보낼 때가 있다. (대명사)

Chapter 12

명사

명사에서 가장 중요한 것 가운데 하나가 개수를 따지는 일이다.

한 개라면 a/an을 앞에 붙여야 하고,

두 개 이상이라면 그에 맞는 표시가 필요하다.

또 복수에는 -s/es를 끝에 붙여야 한다.

1
대부분의 명사는 셀 수 있는 명사이고 단수/복수로 표시된다.

2
하지만 개수를 따질 수 없는 것도 있다.
물, 불, 공기, 흙, 아름다움, 가구 등은 하나, 둘, 셋 하고 셀 수가 없다.

3
이럴 때는 양으로 따진다.
당연히 셀 수 있는 명사에 붙는 a/an, -s/es는 함께 쓸 수가 없다.

1 셀 수 있는 명사: 단수와 복수

대부분의 명사는 셀 수 있는 명사이고 단수와 복수로 표시된다. 단수에는 부정관사 a/an이, 복수에는 -s/es가 뒤에 붙는다.

a dog

two dogs

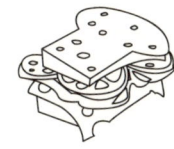

a sandwich

three sandwiches

a book

some books

- 개 한 마리
- 샌드위치 한 개
- 책 한 권

- 개 두 마리
- 샌드위치 세 개
- 책 몇 권

2 복수형 만드는 방법 (1): 규칙 변화
규칙적으로 변하는 명사

대부분의 명사는 -s를 붙인다. cat → cats cake → cakes dog → dogs	-sh, -ch, -s, -z, -x → +-es watch → watches class → classes box → boxes
모음+ -y → 모음+ -ys toy → toys boy → boys guy → guys	자음 + -y → 모음 + -ies baby → babies cry → cries city → cities
-f/fe → -ves knife → knives leaf → leaves life → lives	-o → -oes hero → heroes potato → potatoes tomato → tomatoes
예외 cliff → cliffs roof → roofs	예외 radio → radios video → videos zoo → zoos

2-1 복수형 만드는 방법 (2): 불규칙 변화 🎵 4-6

불규칙하게 변하는 복수명사 가운데 단수/복수의 형태가 같은 것이 있다.

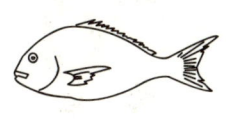

a fish

two fish

a sheep

some sheep

a deer

several deer

- 물고기 한 마리
- 양 한 마리
- 사슴 한 마리

- 물고기 두 마리
- 양 몇 마리
- 사슴 몇 마리

2-2 복수형 만드는 방법 (3): 불규칙 변화 🎵 7-9

아래 불규칙 복수는 무조건 외운다.

 **a** woman	 **two** women
 **a** child	 **three** children
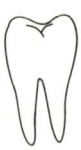 **a** tooth	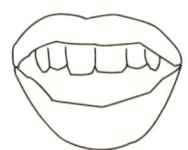 **some** teeth

- 여자 한 명
- 어린아이 한 명
- 이 한 개

- 여자 두 명
- 어린아이 세 명
- 이 몇 개

3 셀 수 없는 명사 (1) 🎵 10-15

한 개, 두 개, 세 개 하고 셀 수 없는 것은 '양(amount, quantity)'으로 따진다.
셀 수 없는 명사 앞에 올 수 있는 것은 the, some, much, a little 등이 있다.

I have some money.

Listen to the music!

Drink some water.

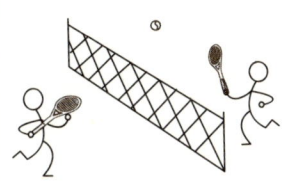

He's playing tennis.

We need to buy bread and sugar.

He bought some furniture.

- 나한테 돈이 좀 있다.
- 물 좀 마셔.
- 우리는 빵과 설탕을 사야 한다.

- 그 음악을 들어 봐!
- 그는 테니스를 치고 있다.
- 그는 가구를 샀다.

3-1 셀 수 없는 명사 (2) 16-21

셀 수 없는 명사는 양으로 표현하지만, 양을 나타내는 단위로 셀 수 있기도 하다.

a glass of water

a cup of coffee

three pieces of cheese

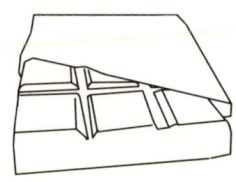

a bar of chocolate

a spoonful of sugar

two bottles of milk

- 물 한 컵
- 치즈 세 조각
- 설탕 한 숟가락 가득

- 커피 한 잔
- 초콜릿 한 개
- 우유 두 병

4 셀 수 없는 명사? 셀 수 있는 명사? 🎧 22-24

셀 수 없는 명사들이 어떤 종류, 제품, 낱개의 개체, 구체적인 사건 등을 의미할 때는 셀 수 있는 명사로 바뀌기도 한다.

셀 수 없는 명사	셀 수 있는 명사
I like tea.	I'll have two teas, please.
Her hair is blond.	There's a hair in my tea.
Fire can make things burnt.	There was a fire on my house yesterday.

- 나는 차를 좋아한다.
- 그녀의 머리는 금발이다.
- 불은 물건을 태운다.

- 차 두 잔 주세요.
- 내 차에 머리카락 한 올이 있어요.
- 어제 우리 집에 불이 났다.

5 짝을 이루는 명사 🎧 25-30

바지, 안경, 망원경, 가위 등 두 갈래가 하나로 합쳐져서 만들어진 물건들은 항상 복수형으로 사용된다. a/an, two, three 등이 앞에 올 수 없고, 개수를 세려면 a pair of~ 를 쓴다.

My jeans need washing.

We bought some pants.

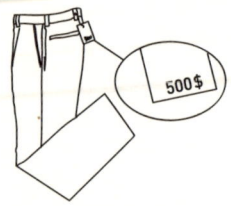

These trousers are very expensive.

We need a pair of scissors.

They are wearing glasses.

I have two pairs of sunglasses.

- 내 청바지는 빨아야 한다.
- 이 바지는 매우 비싸다.
- 그들은 안경을 쓰고 있다.

- 우리는 바지를 좀 샀다.
- 우리는 가위가 하나 필요하다.
- 나는 선글라스가 두 개 있다.

6 항상 복수로 쓰는 명사

항상 복수로만 쓰는 명사도 있다. clothes, arms, goods, thanks, belongings 등은 항상 복수형이며 복수로 취급한다. people, police는 복수형은 아니지만 항상 복수 취급이다.

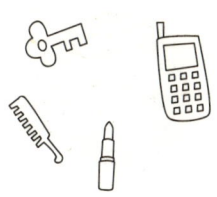

Put your belongings in the plastic bag.

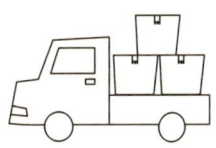

The goods were sent to you yesterday.

These clothes are the latest fashion.

The police officers often carry arms.

The people here are very friendly.

The police are looking for the stolen car.

- 당신 소지품을 비닐 봉투에 넣으세요.
- 이 옷은 최신 유행이다.
- 이곳 사람들은 아주 친절하다.

- 그 제품은 어제 너에게 보냈다.
- 경찰은 종종 무기를 갖고 다닌다.
- 경찰은 도난 당한 차를 찾고 있다.

7 항상 단수로만 쓰는 명사 🎧 37-42

형태는 복수형이지만 항상 단수로 취급하는 명사도 있다. 주로 economics, mathematics, physics, politics, ethics 등의 학교 교과목이나 billiards, darts 등 게임의 종류를 지칭하는 명사들이다.

The television news is at 9 o'clock.

Darts is often played in pubs.

Math is my favorite subject.

The athletics was quite exciting.

Economics is very hard to understand.

He began playing billiards at 6.

- TV 뉴스는 9시에 한다.
- 수학은 내가 가장 좋아하는 과목이다.
- 경제학은 이해하기 어렵다.
- 다트는 종종 술집에서 할 수 있다.
- 운동은 매우 흥미진진했다.
- 그는 6살 때 당구를 시작했다.

Chapter 13

관사

관사는 명사에 씌우는 모자(관) 같은 것이다.
단수명사는 어떤 상황이든 모자를 써야 한다. 단수명사 앞에 관사가 없으면
문법적으로 틀린다. 하지만 복수명사와 셀 수 없는 명사는 종류 전체를 지칭할 때
모자를 쓰지 않는다. 이들이 일반적 의미를 나타낼 때는 관사가 오지 않기 때문이다.
관사 공부의 핵심은 바로 모자를 써야 할 때와 그렇지 않을 때,
모자를 써야 한다면 어떤 모자를 써야 하는지를 구별하는 데 있다.

---

1 부정관사는 단수명사 앞에서 발음이 **자음일 때** a, 발음이 **오음일 때**는 an으로 쓴다.

2 university 같은 경우 철자는 모음이지만 **발음이 자음**이기 때문에 a university로 표현한다.

3 hour 같은 경우 철자는 자음이지만 발음이 모음이기 때문에 an hour로 표현한다.

4 명사 앞에 형용사가 있으면 **형용사의 첫 소리에** a, an을 맞춘다.

I a/an과 some 비교 🎧 1-3

a/an은 단수명사 앞에 오고, 복수명사와 셀 수 없는 명사 앞에는 some이 온다.

There is a cup on the desk.

There are some cups on the desk.

I ate an apple.

I ate some apples.

I read a book last week.

I received some information on the book.

- 책상 위에 컵이 하나 있다.
- 나는 사과를 한 개 먹었다.
- 나는 지난 주에 책을 한 권 읽었다.

- 책상 위에 컵이 몇 개 있다.
- 나는 사과를 몇 개 먹었다.
- 나는 그 책에 관한 정보를 받았다.

2 a/an과 the (1) 🎵 4-6

어떤 것을 처음 이야기할 때는 a/an을 쓰고, 다시 한번 언급할 때는 the를 쓴다. the는 단수, 복수, 셀 수 없는 명사에 모두 쓸 수 있다.

 **I bought a jacket yesterday.**	 **The jacket was expensive.**
 **There is a book on the table.**	 **The book is about Korea.**
 **We need an umbrella.**	 **The umbrella must be a large one.**

- 어제 재킷을 하나 샀다.
- 탁자 위에 책이 한 권 있다.
- 우리는 우산이 하나 필요하다.

- 그 재킷은 비싼 것이다.
- 그 책은 한국에 관한 것이다.
- 그 우산은 커야만 한다.

2-1 a/an과 the (2)

여러 개 가운데 하나를 지칭하는데 어느 것을 가리키는지 불분명할 때는 부정관사 a/an을 쓰고, 대화를 나누는 상황에서 하나 밖에 없기 때문에 어느 것을 가리키는지 분명할 때는 정관사 the를 쓴다.

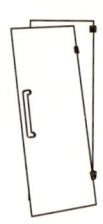

Can you fix a door?

Can you open the door?

Seoul is an interesting city.

Seoul is the capital of Korea.

In the office a phone was ringing.

I was in bed when the phone rang.

- 당신은 문을 고칠 수 있나요?
- 서울은 흥미로운 도시이다.
- 사무실에서 전화가 울렸다.

- 문 좀 열어 주시겠어요?
- 서울은 대한민국의 수도입니다.
- 나는 전화가 울렸을 때 자고 있었다.

3 항상 the (1) 🎵 10-12

세상에 하나 밖에 없어서 언제, 어디서 이야기하든지 분명한 것들: 정부나 경찰, 군대와 같은 조직, 악기 들은 항상 the를 쓴다.

the sun, the moon, the sky, the world, the sea…	 The sky is clear and the sun is shining.
the government, the police, the army…	 My brother is a soldier. He's in the army.
the piano, the guitar, the trumpet…	 She's learning to play the piano.

- 하늘은 맑고 태양은 빛난다.
- 우리 형은 군인이다. 지금 군대에 있다.
- 그녀는 피아노를 배우고 있다.

3-1 항상 the (2) 🎵 13-15

최상급, 서수, the same 들도 항상 the와 함께 쓴다.

the best, the most, the worst, the most expensive…	**Who is the best player in the team?**
the first, the second, the last, the only…	**My office is on the first floor.**
the same	**We live in the same street.**

- 누가 팀에서 가장 잘하는 선수인가요?
- 우리 사무실은 1층에 있다.
- 우리는 같은 거리에 산다.

4 관사를 쓰지 않는 경우 (1) 🎵 16-18

다음과 같은 경우는 관사를 쓰지 않는다.

식사
breakfast,
lunch,
dinner

We will go out for lunch at 1 o'clock.

운동
soccer,
tennis,
basketball,
baseball…

We played baseball until getting dark.

교통/통신/지불 수단
by bus,
by phone,
by credit card…

I can send you money by phone.

- 우리는 1시에 점심 먹으러 갈 것이다.
- 우리는 어두워질 때까지 야구를 했다.
- 나는 전화로 돈을 보낼 수 있다.

4-1 관사를 쓰지 않는 경우 (2) 🔊 19-24

어떤 건물이나 장소에 관사를 붙이지 않는 경우가 있다. 이때는 그 건물이나 장소 자체를 지칭하는 것이 아니라, 그 건물을 지은 '목적'이나 그 장소에서 느낄 수 있는 '정서' 같은 것을 의미한다.

I'm going to work now.

He was in an accident. He had to go to hospital.

What did you learn at school today?

I'm tired. I'm going to bed.

Helen wants to go to college next year.

Are you staying home today?

- 나는 지금 출근하고 있다.
- 너는 오늘 학교에서 무엇을 배웠니?
- 헬렌은 내년에 대학에 가고 싶어한다.

- 그는 사고를 당해서 병원에 가야 했다.
- 나는 피곤해요. 자야겠어요.
- 당신은 오늘 집에 있을 건가요?

Chapter 14

한정사

영어는 개수를 꼼꼼하게 따진다.

개수를 따질 수 없으면 양으로라도 따진다.

명사 자체가 셀 수 있는 명사(단수와 복수)와 셀 수 없는 명사로 나뉘기 때문에

명사 앞에 오는 한정사도 명사와 개수와 양을 맞춰야 한다.

따라서 주로 수량을 나타내는 한정사는

1 단수명사 앞에 오는 것

2 복수명사 앞에 오는 것

3 셀 수 없는 명사 앞에 오는 것

4 복수명사와 셀 수 없는 명사 앞에 동시에 올 수 있는 것 등

4가지 경우의 수를 구별하는 것이 가장 중요하다.

I 단수명사

단수명사 앞에 a/an, one, each, every, this/that과 같은 한정사가 쓰여서 뒤에 나오는 명사의 수를 일치시킨다.

I have a bicycle.

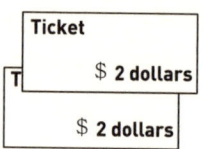

Each ticket costs 2 dollars.

He bought an umbrella.

Every country has a national flag.

You have one bag.

Do you know that girl?
She's Sara.

- 나는 자전거를 가지고 있다.
- 그는 우산을 샀다.
- 너는 가방이 하나 있다.

- 티켓은 장마다 2달러씩이다.
- 모든 국가는 국기를 가지고 있다.
- 너는 저 여자애를 아니? 그녀는 사라야.

2 복수명사 7-12

복수명사 앞에 two/three/..., both, many, a few, few, a number of, several, these/those와 같은 한정사가 쓰여서 뒤에 나오는 명사의 수를 일치시킨다.

I ordered two pizzas.

Last night I wrote a few letters.

We have three children.

Mom made a number of sandwiches for lunch.

Bill has two sisters. Both sisters are married.

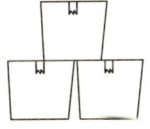

You have to carry these boxes to that garage.

- 나는 피자 두 개를 주문했다.
- 우리는 세 명의 아이가 있다.
- 빌은 누나가 두 명 있다. 그 둘 다 결혼했다.

- 어젯밤 나는 몇 통의 편지를 썼다.
- 엄마가 점심으로 샌드위치를 많이 만들었다.
- 너는 이 박스들을 저 창고로 옮겨야 한다.

3 셀 수 없는 명사 13-18

셀 수 없는 명사의 앞에 오는 한정사는 much, a little, little, a large amount of, a great deal of가 있다.

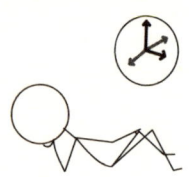

I've got much time to take a rest.

They have little money.

How much coffee did you drink today?

There is a large amount of food in the refrigerator.

There is a little jam on your shirts.

I have a great deal of work to do today.

- 나는 쉴 수 있는 시간이 많다.
- 당신은 오늘 커피를 얼마나 마셨어요?
- 네 셔츠에 잼이 조금 묻어 있다.

- 그들은 돈이 거의 없다.
- 냉장고에 많은 양의 음식이 있다.
- 나는 오늘 해야 하는 엄청난 양의 일이 있다.

4 복수명사와 셀 수 없는 명사 🎧 19-21

복수명사와 셀 수 없는 명사 모두에 쓸 수 있는 한정사는 some, all, most, a lot of, lots of, plenty of가 있으며, 이들 모두 양을 나타내는 한정사이다.

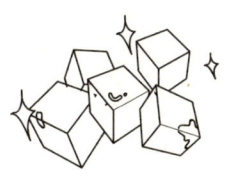

There is some ice in the freezer.

There are some bananas on the table.

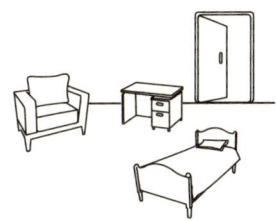

I have to move all furniture outside to my room.

I have to move all chairs outside to my room.

I drank a lot of water all day.

I ate a lot of apples all day.

- 냉동실에 얼음이 좀 있다.
- 나는 바깥에 있는 모든 가구를 내 방으로 옮겨야 한다.
- 나는 하루 종일 많은 물을 마셨다.

- 탁자 위에 바나나 몇 개가 있다.
- 나는 바깥에 있는 모든 의자를 내 방으로 옮겨야 한다.
- 나는 하루 종일 많은 사과를 먹었다.

5 some과 some of the 🎵 22-24

some은 복수명사, 셀 수 없는 명사 앞에서 쓸 수 있는 한정사인데, 'some of the~'는 '그들 중에 몇몇'이라는 의미로 해석한다.

I bought some new books yesterday.

Some of the books were for my sister.

I received some letters.

Some of the letters were from Sara.

She took some photos.

She gave some of the photos to her friends.

- 나는 어제 새 책을 몇 권 샀다.
- 나는 편지를 몇 통 받았다.
- 그녀는 사진을 몇 장 찍었다.

- 그 책 중 몇 권은 나의 여동생을 위한 것이었다.
- 그 편지 중 몇 통은 사라에게서 온 것이었다.
- 그녀는 그 사진 중 몇 장을 친구들에게 주었다.

6 all, every, each 그리고 all/each of the~

all+복수명사/all+셀 수 없는 명사/all of+the+복수명사 · 셀 수 없는 명사/
every+단수명사/each+단수명사/each of+the+복수명사

All computers in the office **are** not working.

She thinks that **every sport is** boring.

All family gathered at the wedding.

Each letter was written by Sara.

All of the people in the party **are** my friends.

Each of the letters had a heart mark on the envelope.

- 사무실의 모든 컴퓨터가 작동하지 않는다.
- 모든 가족들이 결혼식에 모였다.
- 파티에 있는 모든 사람들은 나의 친구들이다.

- 그녀는 모든 스포츠가 재미없다고 생각한다.
- 각각의 편지는 사라가 쓴 것이었다.
- 그 편지들은 봉투마다 하트 표시가 있었다.

7 many와 much 그리고 many of~ 🎧 31-36

many, much는 둘 다 '많은'이라는 뜻으로 양을 나타내지만 many는 셀 수 있는 명사 앞에서만, much는 셀 수 없는 명사 앞에서만 쓰인다.

I have many books about computers.

Is there much snow in the mountains?

Many people were running in the park.

Many of the books got wet because of the rain.

How much money do you have?

Many of my friends helped me carry many boxes.

- 나는 컴퓨터에 관한 많은 책을 가지고 있다.
- 공원에서 많은 사람들이 뛰고 있었다.
- 당신은 돈을 얼마나 가지고 있어요?

- 그 산에는 눈이 많이 있어요?
- 비 때문에 그 책들 중 많은 책이 젖었다.
- 많은 내 친구들이 내가 많은 박스들을 나르는 것을 도와주었다.

8 some과 any 그리고 some of the~

some은 긍정문에서 쓰이는 한정사이지만, 제안이나 부탁을 하는 의문문에서도 쓰인다. any는 주로 부정문과 의문문에서 쓰인다.

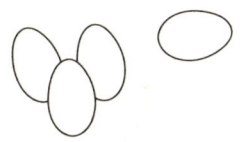

I'm going to buy some eggs.

She gave me some information about Tokyo.

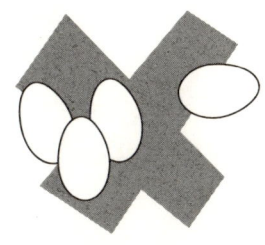

I'm not going to buy any eggs.

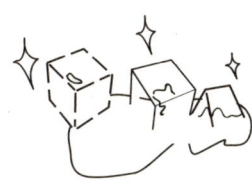

There isn't any ice in the freezer.

You can have some of the cake, but not all of it.

I spilt some of the milk by mistake.

- 나는 달걀 몇 개를 살 것이다.
- 나는 달걀을 사러 가지 않을 것이다.
- 너는 케이크를 조금 먹어도 돼. 하지만 다 먹으면 안 돼.

- 그녀는 나에게 도쿄에 관한 정보를 좀 주었다.
- 냉동실에 얼음이 하나도 없다.
- 나는 실수로 우유를 조금 흘렸다.

9 a few와 a little 그리고 a few of the~

a few와 a little은 모두 '조금 있는'이라는 뜻이지만 a few 뒤에는 셀 수 있는 명사, a little 뒤에는 셀 수 없는 명사를 쓴다.

I speak a few words of Japanese.

There is a little milk in the bottle.

We're going away for a few days.

These are a few of the photos during a vacation.

A: Can you speak Japanese?
B: A little.

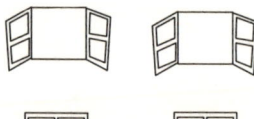

I opened a few of the windows to get some fresh air.

- 나는 일본어 몇 마디를 할 줄 안다.
- 우리는 며칠 간 떠나 있을 예정이다.
- A : 일본어 할 줄 아세요? B : 조금이요.

- 병 속에 우유가 조금 있다.
- 이것들이 휴가 동안 찍은 사진 중 몇 장이야.
- 나는 환기시키려고 창문 중에 몇 개를 열었다.

10 few와 little 그리고 few of the~ 🎧 49-54

few와 little은 부정의 의미로 '거의 없는'이라는 뜻을 가지고 있다. 하지만 few 뒤에는 셀 수 있는 명사가, little 뒤에는 셀 수 없는 명사가 온다.

There were few people in the park.

We have to hurry.
We have very little time.

Her English is very good.
She makes very few mistakes.

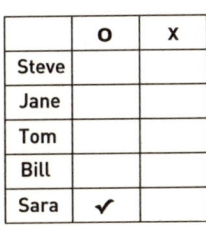

Few of the students attended class.

He's very lazy.
He does little work.

I had few pieces of the cake.

- 공원에 사람이 거의 없었다. • 그녀는 영어를 정말 잘한다. 그녀는 실수를 거의 하지 않는다. • 그는 매우 게으르다. 그는 일을 거의 하지 않는다.
- 우리 서둘러야 해. 정말 시간이 없어.
- 학생들 중 거의가 수업에 들어오지 않았다.
- 나는 그 케이크를 거의 먹지 않았다.

11 no와 none 그리고 none of the~ 🔊 55-60

'no+명사'는 'not~any+명사'와 같은 의미로 쓰이며 '~아닌/~없는'이라는 뜻으로 해석된다. none은 대명사이지만 문장 전체를 부정문으로 만든다.

He has no money.

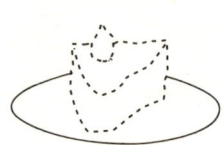

I wanted some cake, but there was none left.

There are no buses after 11:30.

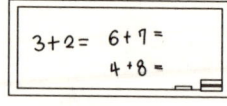

I could answer none of the questions.

There were none present.

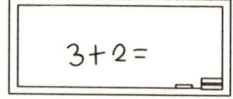

None of the students know the answer of the question.

- 그는 돈이 없다.
- 11시 30분 이후엔 버스가 없다.
- 출석한 사람이 아무도 없었다.

- 나는 케이크를 좀 먹고 싶었지만, 남아 있는 것이 없었다. • 나는 그 문제들 중에 어떤 것에도 답할 수 없었다. • 학생들 중에 아무도 그 문제에 대한 답을 모른다.

12 another와 other 그리고 others

another는 단수명사와 함께 써서 한정사로 쓰일 수 있고, 명사 없이 홀로 쓰이면 대명사로 쓰인다. other는 복수명사와 함께 쓰이며, others는 함께 쓰이는 명사 없이 홀로 복수대명사로 쓰인다.

Would you like another drink?

Mary is taller than any other girls in the class.

My bicycle was broken. I need to buy another.

I saw many girls. Some are tall, but others are short.

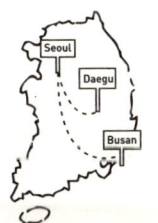

Have you ever been to any other cities in Korea apart from Seoul?

There are many foods in the refrigerator. Some food are fruit, others are cake and bread.

- 한 잔 더 마시겠어요? • 내 자전거가 망가졌다. 나는 다른 하나를 사야 한다. • 당신은 서울에서 떨어진 한국의 다른 도시에 가본 적이 있나요?

- 메리는 반에서 다른 여자애들보다 키가 더 크다. • 나는 많은 여자애들을 보았다. 몇은 키가 컸으나 몇은 작았다. • 냉장고에 많은 음식이 있다. 몇은 과일이고, 다른 것들은 케이크과 빵이다.

13 both와 either 그리고 neither 🔊 67-69

both는 항상 복수명사와 함께 쓰이며, both 홀로 쓰여서 복수대명사를 나타 낼 수도 있다. 또한 both 뒤에 'of~'가 쓰여서 '~중 둘 다'라는 의미로 쓰인다. either는 항상 단수명사와 함께 쓰이며, 종종 'or~'와 함께 쓰여서 '~중 하나'라는 의미를 가진다. neither는 항상 단수명사와 함께 쓰이며, 종종 뒤에 'nor~'과 함께 쓰여서 '~중 둘 다 아니다'라는 의미를 가진다.

**It was a very good tennis match.
Both players played well.**

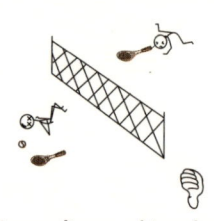

**It wasn't a good tennis match.
Neither player played well.**

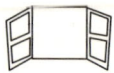 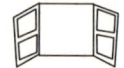

**There are two windows.
Both of them are open.**

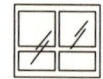

**There are two windows.
Neither window is open.**

A: Would you like tea or coffee? You can have either.

B: Either will be good.

- 정말 좋은 테니스 경기였어요. 두 선수 모두 잘하던데요. • 창문이 두 개 있다. 그 둘 다 열려 있다. • A : 차를 드시겠어요, 커피를 드시겠어요? 둘 중에 어느 것이든 드실 수 있어요.

- 좋은 테니스 경기는 아니었어요. 두 선수 모두 잘 못하던데요. • 창문이 두 개 있다. 둘 중 어떤 것도 열려있지 않다. • B : 둘 중에 아무거나 좋아요.

Chapter 15

대명사

'나는 나의 친구를 나의 집에 초대했다.' 라고 말하면 말이 많이 어색하다.
'나는 친구를 집으로 초대했다.' 라고 표현하는 것이 훨씬 자연스럽다.
우리말은 대명사를 굳이 쓰지 않아도 문맥을 보고 이해할 수 있는 경우가
많지만, 영어는 일일이 주체를 다 써 주어야 하는 수고를 해야 한다.
또 똑같은 것을 쓰지 않고 대명사를 내세운다는 것을 기억해야 한다.

주격 인칭대명사

I	I like Sara.
we	We like Sara.
you	You like Sara.
he	He likes Sara.
she	She likes Sara.
they	They like Sara.
it (사물)	It is good for Sara.
they (사물)	They are good for Sara.

목적격 인칭대명사

me	Sara likes me.
us	Sara likes us.
you	Sara likes you.
him	Sara likes him.
her	Sara likes her.
them	Sara likes them.
it	Sara likes it.
them	Sara likes them.

소유격 인칭대명사

I → my	I like my job.
we → our	We like our jobs.
you → your	You like your job.
he → his	He likes his job.
she → her	She likes her job.
they → their	They like their jobs.
it → its	A dog bites its tail.

소유대명사

my → mine	The money is mine.
our → ours	The money is ours.
your → yours	The money is yours.
his → his	The money is his.
her → hers	The money is hers.
their → theirs	The money is theirs.

1 인칭대명사: 주격 MP3 1-6

주어 자리에 사람이나 사물을 지칭하는 대명사를 쓸 수 있다.

Did you make this robot?

I bought shoes.
They were not expensive.

We don't like to watch TV.

It is a very good idea.

He's going to the bookstore.

They have leaves.

- 네가 이 로봇을 만들었니?
- 우리는 TV 보는 것을 좋아하지 않는다.
- 그는 서점으로 가고 있다.

- 나는 신발을 샀다. 그것들은 비싸지 않았다.
- 그거 정말 좋은 생각이다.
- 그것들은 잎들을 가졌다.

1-1 인칭대명사: 목적격 7-12

목적격 인칭대명사는 목적어의 위치에 쓸 수 있으며, 전치사 뒤에 위치할 수 있다.

I gave her a rose, but she didn't give me anything.

Who is that woman? Why is she looking at us?

Do you know them? They are a baseball team of the school.

You can stay here with me.

He lent me a pen. But I lost it.

This letter isn't for you. It's for me.

• 나는 그녀에게 장미를 한 송이 주었지만, 그녀는 나에게 아무것도 주지 않았다. • 너 그들을 아니? 그들은 학교 야구팀이야. • 그가 나에게 펜을 빌려 줬는데 내가 그것을 잃어버렸다.

• 저 여자는 누구예요? 왜 그녀가 우리를 쳐다보고 있어요? • 당신은 나와 함께 여기 있으면 돼요. • 이 편지는 너에게 온 것이 아니야. 나한테 온거야.

1-2 인칭대명사: 소유격 🎵 13-18

인칭대명사의 소유격은 명사를 수식하는 한정사이며, '~의'라고 해석된다.

I have to wash my car in the afternoon.

Sara made me cut her hair.

Your hands are cold.

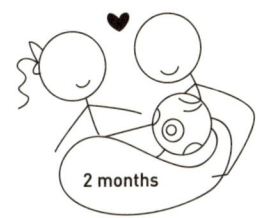

Our baby is 2 months old.

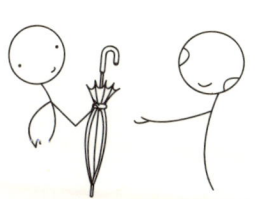

Tom gave me his umbrella.

Don't judge a book by its cover.

- 나는 오후에 나의 차를 씻어야 한다.
- 너의 손은 차갑다.
- 톰이 그의 우산을 나에게 주었다.

- 사라는 그녀의 머리를 나에게 자르게 했다.
- 우리의 아기는 생후 2개월이다.
- 책을 그것의 겉표지를 보고 판단하지 마라.

1-3 인칭대명사: 소유대명사

'소유격+thing'으로 소유를 나타내는 대명사이며, '~의 것'으로 해석된다.

A: Is this his camera?
It's a nice camera.
B: Yes. It's his.

A: Whose is this?
B: It's mine.

These books are mine.

A: Is that their car?
B: No, theirs is black.

This newspaper is yours.

This garden is ours.

- A : 이것이 그의 카메라예요?
  좋은 카메라네요.
  B : 네. 그건 그의 것이에요.
- 이 책들은 나의 것이다.
- 이 신문은 너의 것이다.
- A : 이거 누구의 것이니?
  B : 그건 나의 것이야.
- A : 저건 그들의 자동차인가요?
  B : 아니요, 그들의 것은 검은 색이에요.
- 이 정원은 우리의 것이다.

2 지시대명사: this, that 25-27

사람이나 사물을 가리킬 때 화자와의 거리에 따라 가까운 것은 'this(이 사람, 이것)', 멀리 있는 것은 'that(저 사람, 저것)'이라고 한다.

- 이것은 모자이다.
- 이 사람은 톰이다.
- 그녀는 이것을 보고 있다.

- 저것은 모자이다.
- 저 사람은 톰이다.
- 그녀는 저것을 보고 있다.

2-1 지시대명사: these, those 〔MP3〕 28-33

지시대명사 this, that의 복수형으로 항상 복수명사와 함께 쓰인다.

These are my friends.

Those are not washed at all.

Those are my friends.

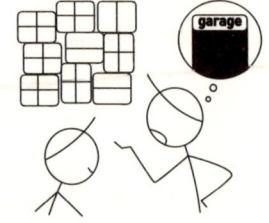

You have to carry these to the garage.

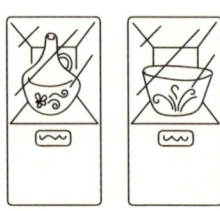

These are not for sale.

I have to pack those for moving.

- 이들은 나의 친구들이다.
- 저들은 나의 친구들이다.
- 이것들은 파는 것이 아닙니다.
- 저것들은 전혀 씻겨지지 않았다.
- 너는 이것들을 창고로 옮겨야 한다.
- 나는 이사를 가려면 저것들을 싸야 한다.

3 this/that와 these/those+명사 MP3 34-39

지시대명사로도 쓰이지만 명사 앞에 위치해서 그 명사를 수식하는 지시형용사로도 쓰인다.

Do you know these books?
I like to read these.

These people are going to the museum.

Do you know those books?
I want to read those.

You need to water those flowers.

She's going to see these movies tonight.

I have to finish these books tonight.

- 너 이 책들 알아? 난 이것들을 읽는 걸 좋아해.
- 너 저 책들 알아? 난 저것들을 읽고 싶어.
- 그녀는 오늘 밤 이 영화들을 볼 것이다.

- 이 사람들은 박물관으로 가고 있다.
- 너는 저 꽃들에게 물을 줘야 한다.
- 나는 오늘 밤 이 책들을 다 읽어야 한다.

4 it is와 there is 비교

it은 대명사이므로 반드시 지칭하는 대상이 선행되어야 한다. 하지만 there is/are 구문은 어떠한 사물이 '~있다/없다'를 서술하는 구문이므로 it is 구문과 구분할 수 있어야 한다. 또한 it은 단수 명사를 지칭하는 대명사이므로 복수로 취급될 수 없다.

There is a big monument in the school. It is built in memory of the first principal of the school.

There is an apple on the table. It is for my lunch.

There is a cup of coffee. I made it for my mom.

A: Is there a pen on the table?
B: Yes, there is. (not 'it is')

There is a picture of my family. It was taken last week.

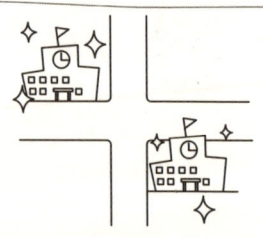

There are two schools here. They are both new.

• 학교에는 큰 기념비가 있다. 그것은 학교의 초대 교장을 기념하려고 세워졌다. • 커피 한 잔이 있다. 내가 엄마를 위해 그것을 만들었다. • 나의 가족사진이 있다. 그것은 지난 주에 찍은 것이다.

• 사과 하나가 테이블 위에 있다. 그것은 내 점심이다. • A : 테이블 위에 펜이 있나요? B : 네, 있습니다. • 여기엔 학교가 두 개 있다. 그 둘 다 새로 생겼다.

ㄷ 비인칭 it 46-51

날씨, 시간, 요일, 거리, 상황 등을 나타내는 문장에서는 주어로 it을 사용한다.
여기서 it은 대명사가 아니라 아무것도 지칭하지 않는 비인칭 주어이다.

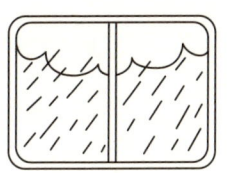

It rained a lot yesterday.

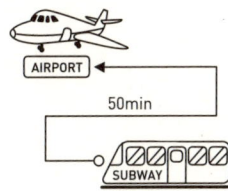

A: How long does it take to the airport?
B: It takes 50 minutes by subway.

A: What time is it?
B: It is 2 o'clock.

It's so noisy here.

A: What day is it today?
B: It's Wednesday.

How is it going with you?

- 어제는 비가 많이 왔다.
- A : 지금 몇 시예요? B : 두 시예요.
- A : 오늘이 무슨 요일이죠? B : 수요일이에요.

- A : 공항까지 얼마나 걸리나요?
  B : 지하철로 50분 걸립니다.
- 여기 너무 소란스럽네요.
- 요즘 어떻게 지내세요?

Unit 5 수식어

말이나 글에 수식어, 꾸미는 말이 없으면 말이 심심하고 건조해서 말을 하는 사람이나 듣는 사람이나 재미가 없어요.
1. 어제 여자를 소개 받았다.
2. 어제 예쁜 여자를 소개 받았다.
1번 문장은 그저 사실만 전달하고 있고, 2번 문장은 소개 받은 여자에 대한 느낌까지 전달돼요.

부사도 마찬가집니다.
1. 나는 학교로 달려갔다.
2. 나는 학교로 숨차게 달려갔다.
1번 문장은 역시 사실만 전달하죠. 하지만 2번 문장은 숨차서 헉헉대는 상황을 상상할 수 있어서 긴박한 느낌을 훨씬 강하게 전달합니다.
형용사와 부사는 말과 글을 맛있고 느낌이 풍부한 내용으로 만들어 준답니다.

Chapter 16

형용사

형용사는 명사를 수식한다. 명사의 특징이나 색깔, 크기 등을
구체적으로 묘사하면서 다른 명사와 구별할 수 있는 특징을 보여준다.

형용사는 명사 앞이나 be동사 뒤에 온다. be동사 뒤에 오는 형용사는
주어를 수식하고, 이를 주격보어라고 한다.

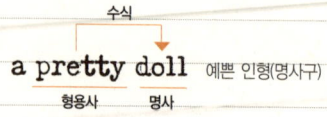

a pretty doll 예쁜 인형(명사구)
　형용사　명사

The doll is pretty. 그 인형은 예쁘다.
　주어　　　형용사
　　　보충 설명

이와 같이 형용사는 명사를 수식하는 기능과 보어의 자리에서 동사의 도움을 받아
명사를 설명하거나 서술하는 기능이 있다. 명사구 안에서 명사를 수식하는 경우에
는 형용사가 명사의 모습을 묘사할 뿐 생략되어도 문법적으로 상관없지만,
문장의 보어로 쓰인 경우엔 명사의 모습을 묘사할 뿐 아니라 문장에 있어서
중요한 요소이므로 생략될 수 없다.

1 형용사의 형태

형용사는 사람이나 사물을 꾸미고 설명하는 말로, 많은 형용사들이 동사나 명사에서 어미 변화를 통해 생긴다.

Mike is wearing a dirty coat.

This is a valuable painting.

They are from different countries.

The concert was successful.

Jason is a careful reader.

Using a mobile phone while driving is dangerous.

- 마이크는 더러운 코트를 입고 있다.
- 그들은 다른 나라 출신이다.
- 제이슨은 꼼꼼한 독자이다.

- 이것은 값나가는 그림이다.
- 그 연주회는 성공적이었다.
- 운전하면서 휴대폰을 사용하는 것은 위험하다.

2 형용사의 위치 (1): 명사 앞 7-12

형용사는 명사 앞에서 그 명사를 꾸며준다. 단, '~thing' 형태의 명사는 형용사가 그 뒤에서 꾸며준다.

He lives in a small town.

There was nothing new at the mall.

She has lovely children.

I've bought an old table for my kitchen.

He found something strange.

She is a kind girl.

- 그는 작은 마을에서 산다.
- 그녀는 사랑스러운 아이들을 가졌다.
- 그는 뭔가 이상한 것을 찾았다.
- 그 쇼핑몰에는 새로운 것이 없었다.
- 나는 주방에서 쓸 낡은 식탁 하나를 샀다.
- 그녀는 친절한 소녀이다.

2-1 형용사의 위치 (2): be동사 뒤 13-18

형용사는 be동사 뒤에서 주어를 꾸며준다. 이를 주격보어라 한다.

The fish is still alive.

The old man is still strong.

They are hungry.

The weather is nice today.

The story is very interesting.

I'm afraid of dogs.

- 그 물고기는 아직 살아 있다.
- 그들은 배가 고프다.
- 그 이야기는 매우 흥미롭다.
- 그 노인은 아직도 힘이 세다.
- 오늘 날씨가 좋네요.
- 나는 개를 무서워 한다.

3 연결동사 19-24

look, feel, taste, smell, sound 등의 동사 뒤에도 형용사가 올 수 있다. 주어를 수식 또는 설명하는 역할은 같다.

The coffee tasted bitter.

I feel cold here.

This cake tastes wonderful.

The soup smelled good.

I don't feel well today.

You look tired.

- 커피가 맛이 썼다.
- 이 케이크는 맛이 아주 좋다.
- 나는 오늘 몸이 좀 안 좋아요.
- 여기 좀 춥네요.
- 그 수프는 좋은 냄새가 났다.
- 당신 피곤해 보이네요.

Chapter 17

부사

부사는 동사, 형용사, 다른 부사를 수식하며,
정도(how much), 방법(how), 장소(where), 시간(when), 빈도(how often) 등
다양한 의미를 전달한다.

문장의 위치는 다양하다.
 (1)형용사/부사 앞 (2)문장 앞 (3)문장 중간 (4)문장 끝에 온다.
문장 중간은 첫 번째 조동사 뒤, 동사 앞이고,
문장 끝 위치는 1형식은 동사 뒤, 3형식은 목적어 뒤이다.

부사의 형태는 기본적으로 '형용사+ -ly'이다.
하지만 예외적인 것들이 있다.

1. hard, late처럼 형용사와 부사의 형태가 같은 것도 있고,

2. hard/hardly, late/lately처럼 -ly가 붙으면
   의미가 달라지는 것도 있다.

3. 빈도부사나 already/yet/still, too/enough처럼
   -ly 형태와 관계없는 것들도 있다.

1 부사의 형태 (1) 🎧 1-6

부사는 동사, 형용사, 다른 부사를 수식하며, 기본적인 형태는 '형용사+-ly'이다.

She read the message quickly.

The man ate his dinner slowly.

---

sudden ➜ suddenly

The bus stopped suddenly.

bad ➜ badly

 vs

The whole team played very badly.

It's raining heavily.

He was working happily.

- 그녀는 메시지를 빨리 읽었다.
- 버스가 갑자기 섰다.
- 비가 엄청나게 쏟아지고 있다.

- 그 남자는 천천히 저녁을 먹었다.
- 팀 전체가 아주 형편없이 경기했다.
- 그는 행복하게 일하고 있었다.

1-1 부사의 형태 (2) MP3 7-12

'형용사+-ly'의 기본 형태에서 벗어난 불규칙한 것들이 있다. good→well처럼 철자가 완전히 다른 것도 있고, hard, fast, late, early처럼 형용사와 부사가 같은 형태도 있다.

good → well	fast → fast
He plays the guitar well. He is a good guitar player.	He can run fast. He is a fast runner.
hard → hard	late → late
John works hard. John is a hard worker.	I went to bed late. The bus was late.
early → early	high → high
I get up early. I'm an early riser.	An eagle circled high overhead. The wall is high.

• 그는 기타를 잘 친다. / 그는 훌륭한 기타 연주자이다. • 존은 열심히 일한다. / 존은 부지런한 사람이다. • 나는 일찍감치 일어난다. / 나는 일찍 일어나는 사람이다.

• 그는 빨리 달릴 수 있다. / 그는 달리기가 빠른 사람이다. • 나는 늦게 잤다. / 버스가 늦었다. • 독수리가 높이 원을 그리며 날았다. / 벽이 높다.

1-2 부사의 형태(3) MP3 13-18

hard, late, near는 -ly가 붙으면 의미가 달라진다. late 늦은/늦게→lately 최근에, hard 힘든/열심히→hardly 좀처럼 ~아니다. (부정문을 만든다.), near 가까운/가까이→nearly 거의 ~할 뻔하다.

Have you seen her lately?

I haven't been here lately.

I can hardly believe it.

I can hardly hear you.

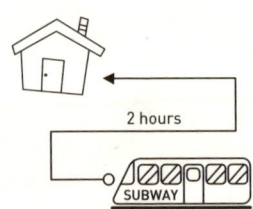

It took nearly two hours to get here.

I nearly caught the thief.

- 당신은 최근에 그녀를 본 적이 있나요?
- 나는 그것을 믿기 힘들다.
- 여기까지 오는데 거의 두 시간이 걸렸다.
- 나는 최근에 여기 온 적이 없다.
- 나는 네 목소리를 거의 들을 수가 없어.
- 나는 그 도둑을 거의 잡을 뻔했다.

2 부사의 위치

부사는 (1)형용사/부사 앞 (2)문장 처음 (3)문장 중간 (4)문장 끝에 온다. (3)문장 중간은 첫 번째 조동사 뒤, 동사 앞이다.

It is raining very hard.

The ship slowly sailed away.

Fortunately, the weather was fine.

Tom did the dishes quickly.

I really hate homework.

The boy was shouting nosily.

- 비가 굉장히 많이 오고 있다.
- 다행스럽게 날씨가 좋았다.
- 나는 정말 숙제가 싫다.

- 배가 천천히 항해해 나갔다.
- 톰은 재빨리 설거지를 끝냈다.
- 그 소년은 시끄럽게 소리치고 있었다.

3 빈도부사 (1)

어떤 행위나 사건이 얼마나 자주 발생하는지에 관해 이야기할 때 빈도부사를 쓴다.

always	—	100% 늘, 항상, 언제나
usually/normally	—	70-80% 일반적으로, 보통은
often/frequently	—	60-70% 종종, 빈번하게
sometimes	—	30-40% 때때로, 가끔
occasionally	—	20-30% 때때로, 가끔
rarely/seldom hardly ever	—	5-10% 거의 하지 않는
never	—	0% 결코 하지 않는

3-1 빈도부사 (2) 🎵 25-30

빈도부사는 보통 문장 중간 위치, 첫 번째 조동사 뒤에 온다.

You must always lock the front door when you leave.

sometimes   always

I sometimes walk to work.

He usually gets back home late.

I'm hardly ever sleepy in the class.

I've often been to Canada for my holidays.

Travis never eats seafood.

- 너는 나갈 때 언제나 앞문을 잠가야 한다.
- 그는 보통 집에 늦게 간다.
- 나는 종종 휴가를 캐나다에서 보낸다.
- 나는 가끔 걸어서 출근한다.
- 나는 수업 시간에 거의 졸지 않는다.
- 트래비스는 해산물을 절대 먹지 않는다.

3-2 빈도부사(3): 정확한 횟수 🎧 31-36

정확한 횟수를 나타낼 때는 every, once, twice, three times 등의 표현을 사용한다.

She takes a walk after lunch every day.

She drinks tea three times a day.

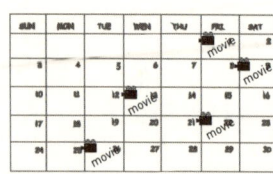

They go to a movie once a week.

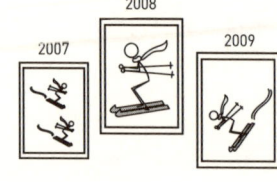

We go skiing every winter.

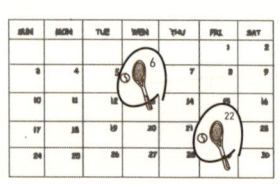

I play tennis twice a month.

I go to the mart every weekend.

- 그녀는 매일 점심을 먹은 다음 산책한다.
- 그들은 일주일에 한 번씩 영화를 보러 간다.
- 나는 한 달에 두 번 테니스를 친다.
- 그녀는 하루에 세 번 차를 마신다.
- 우리는 겨울마다 스키를 타러 간다.
- 나는 주말마다 시장에 간다.

Chapter 18

비교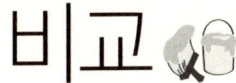

비교 구문을 만들 때는 환경 설정이 중요하다.

1. 둘 또는 셋 이상을 비교한다.
   둘을 비교할 때 비교급을, 셋 이상을 비교할 때 최상급을 쓴다.

2. 공통점이 하나 있어야 한다.
   공통점은 형용사나 부사로 표현되는데,
   어미 변화에 주의해야 한다.

3. 두 문장을 연결하는 것이므로 연결어가 필요하고,
   형용사/부사의 비교 변화와 짝을 이루어야 한다.

1 as ~ as

as ~ as는 둘을 비교해서 비슷할 때 쓰는 구문이다. 긍정문에서 so ~ as는 쓸 수 없다.

my sister

He is as old as my sister.

My cake is as delicious as yours.

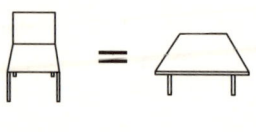

$ 100 $ 100

The chair is as expensive as the table.

He ran as quickly as tiger.

She is as beautiful as her mother.

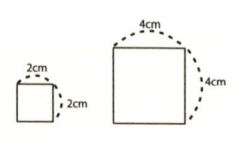

This is twice as large as that.

- 그는 나의 누나와 나이가 같다.
- 그 의자는 그 탁자만큼 비싸다.
- 그녀는 그녀의 어머니만큼 아름답다.
- 내 케이크는 네 것만큼 맛있다.
- 그는 호랑이처럼 빨리 달렸다.
- 이것은 저것의 2배 크기이다.

2 not as/so ~ as 🎵 7-12

부정문 not as/so ~ as는 차이가 날 때 쓰는 표현이다. 부정문에서는 not so ~ as도 쓸 수 있지만 긍정문에서는 so ~ as를 쓸 수 없다.

He is not as strong as he was.

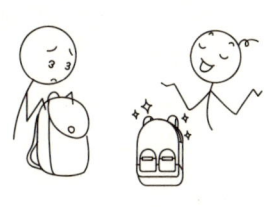

Your bag is not as new as mine.

She was not as beautiful as I had imagined.

My house is not as big as your house.

She is not as fat as you.

Your brother is not as tall as him.

- 그는 전처럼 힘이 세지 않다.
- 그녀는 상상했었던 것만큼 아름답지 않았다.
- 그녀는 너만큼 뚱뚱하진 않다.
- 네 가방은 내 가방만큼 새 것이 아니다.
- 우리 집은 너희 집만큼 크진 않다.
- 네 동생은 그 사람만큼 키가 크진 않다.

3 비교급, 최상급 만드는 법

1 1음절 단어: 비교급은 -er, 최상급은 -est를 붙인다.
- old → older → oldest
- cheap → cheaper → cheapest
- late → later → latest

2 모음+자음 → 모음+자음+같은 자음 + -er or -est
- big → bigger → biggest
- hot → hotter → hottest
- thin → thinner → thinnest

3 자음+-y → 자음 + -ier or -iest
- easy → easier → easiest
- heavy → heavier → heaviest
- happy → happier → happiest

4 2음절 이상: 비교급은 more, 최상급은 the most를 붙인다.
- important → more important → the most important
- expensive → more expensive → the most expensive
- careful → more careful → the most careful

5 불규칙 변화
- good/well → better → best
- bad/badly → worse → worst
- far → farther/further → farthest, furthest
- many/much → more → most
- little → less → least
- few → fewer → fewest

4 -er than MP3 13-18

둘을 비교해서 차이가 날 때는 비교급을 쓴다. 아래 문장은 1음절 단어들로서 비교급은 -er 형태이다.

The Plaza Hotel is cheaper than the Hilton.

A tiger is faster than a turtle.

The Hilton Hotel is bigger than the Plaza.

I'm taller than you.

His car is older than your car.

Today is colder than yesterday.

- 플라자 호텔은 힐튼 호텔보다 싸다.
- 힐튼 호텔은 플라자 호텔보다 크다.
- 그의 차는 네 차보다 더 오래되었다.

- 호랑이는 거북이보다 빠르다.
- 나는 너보다 키가 크다.
- 오늘이 어제보다 더 춥다.

5 more~ than 🔊 19-24

둘을 비교해서 차이가 날 때 비교급을 쓴다. 아래 문장들은 2음절 이상의 긴 형용사로서 비교급을 표현할 때 more를 붙여 쓰는 것들이다.

They have more money than they need.

You should be more careful about spending your money.

Are those apples more expensive than these oranges?

His cake was more delicious than my mom's cake.

Why is pulling more difficult than pushing?

He was talking to me a little bit more emotional than usual.

- 그들은 그들이 필요한 것 보다 더 많은 돈을 가지고 있다. • 저 사과들이 이 오렌지들보다 더 비싼가요? • 왜 당기는 것은 미는 것 보다 더 어려울까요?

- 너는 돈 쓰는 것에 있어서 좀 더 주의해야 한다. • 그의 케이크는 우리 엄마 케이크보다 더 맛있었다. • 그는 내게 평상시보다 약간 더 감정적으로 말을 하고 있었다.

6 -est MP3 25-30

셋 이상을 비교해서 그중에 가장 많다, 적다, 좋다 등을 나타낼 때 최상급을 쓴다. 최상급 형용사 앞에는 항상 the가 오고, 짝을 맞춰야 하는 연결어는 of all, 장소, 관계대명사 that절 등이 있다.

This is the oldest building in the town.

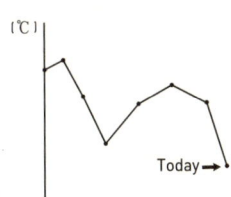

Today is the coldest day of the year.

It was the happiest day of my life.

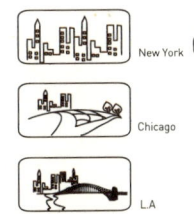

New York is the busiest city in the USA.

This is the best film that I've ever seen.

What is the longest river in the world?

- 이것은 시내에서 가장 오래된 건물이다.
- 그 날이 내 인생에서 가장 행복한 날이었다.
- 이 영화는 내가 본 것 중에 최고의 영화이다.
- 오늘이 일년 중 가장 춥다.
- 뉴욕은 미국에서 가장 번화한 도시이다.
- 세계에서 가장 긴 강은 어떤 강인가요?

ㄱ the most MP3 31-36

최상급 표현을 쓸 때 2음절 이상의 형용사는 the most를 쓴다.

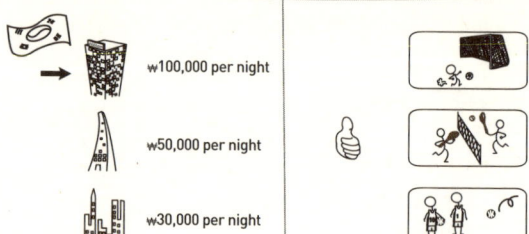

The hotel is the most expensive in Korea.

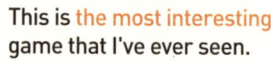

This is the most interesting game that I've ever seen.

You are the most beautiful girl in the world.

Mike is the most careful person of all.

Money is the most important thing in life.

She is the most popular singer in the country.

- 그 호텔은 한국에서 가장 비싸다.
- 너는 세상에서 가장 아름다운 소녀이다.
- 돈은 인생에서 가장 중요한 것이다.
- 이 경기가 내가 본 것 중에 가장 재미있다.
- 마이크가 그 중에 가장 꼼꼼한 사람이다.
- 그녀는 그 나라에서 가장 인기 있는 가수이다.

8 독특한 비교 구문 MP3 37-42

more and more

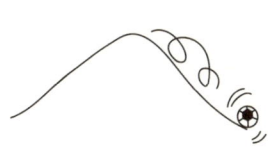

The ball was rolling faster and faster down the hill.

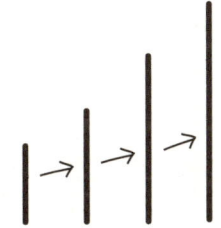

The line was getting longer and longer.

The crowds are becoming more and more excited.

the+비교급/the+비교급

The cheaper the better.

The sooner we leave, the sooner we'll get there.

The faster you drive, the better.

- 공이 언덕 아래로 점점 더 빨리 구르고 있었다.
- 줄이 점점 더 길어졌다.
- 군중이 더욱 더 흥분하고 있다.

- 가격이 쌀수록 더욱 더 좋다.
- 우리는 일찍 떠날수록 일찍 도착할 것이다.
- 네가 빨리 운전할수록 더 좋다.

9 비교급 수식 MP3 43-48

비교급을 수식하는 부사는 다양하지만 문법 공부에서 특히 강조하는 것이 있다. much, far, still, even, a lot는 비교급 앞에서 '훨씬'의 의미로 자주 사용된다.

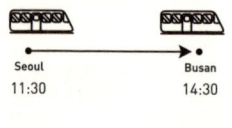
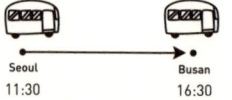

It's much faster by subway.

This bed is a lot more comfortable.

A computer will do it much more efficiently.

Business is getting even better this year.

A bus is far cheaper than a taxi.

I got up still later than usual.

- 지하철이 훨씬 더 빨라요. • 컴퓨터가 그 일을 훨씬 더 효율적으로 처리할 것이다. • 버스가 택시보다 훨씬 더 싸다.
- 이 침대가 훨씬 더 편안하다.
- 올해 사업이 훨씬 나아지고 있다.
- 나는 평소보다 훨씬 더 늦게 일어났다.

Chapter 19
특별 용법

수식어 중에 '형용사+-ly'와 형태상 전혀 관계없는 것들이 있다.
이런 수식어들은 2-3개씩 묶어서 그 용법을 구별할 수 있어야 한다.
대개는 같거나 비슷한 의미를 지닌 것들이며,
문법적으로 또는 용법상 미세한 차이점을 갖고 있기 때문에
집중해서 공부해야 한다. 이 장에서 살펴볼 수식어는 다음과 같다.

1. already, yet, still

2. enough, too

3. very, much

4. so, such

1 already, yet, still 🔊 1-6

already는 긍정문에 쓰고, yet는 의문문과 부정문에 쓴다. already는 '벌써', yet는 의문문에서 '벌써', 부정문에서 '아직' 등으로 번역된다. still(아직도, 여전히)은 긍정, 부정, 의문문에 모두 쓸 수 있는데, 어떤 일이 예상보다 오래 지속될 때 쓴다.

Have you finished the report yet?

There's no need to tell me. I already know.

No, not yet. I'm still thinking about the topic.

Have they sent the mail yet?

I've already finished it

Sara isn't home yet. She's still at work.

- 그 보고서 이미 끝냈지?
- 아니, 아직 못 끝냈어. 아직도 주제를 생각 중이야.
- 나는 이미 그것을 끝냈다.
- 나한테 말할 필요 없어요. 벌써 알고 있어요.
- 그들이 벌써 우편물 보냈지?
- 사라는 아직 집에 오지 않았다. 아직도 직장에 있다.

2 enough, too

enough는 '충분한 상태'이고, too는 '지나친 상태'를 말한다. enough는 형용사로서 명사 앞에 오지만 부사일 때는 형용사/부사 뒤에 온다. too는 언제나 부사이며 명사 앞에 올 때는 too many, too much로 쓴다. 둘 다 뒤에 to 부정사가 따라올 때가 많다.

We have enough time to finish the homework.

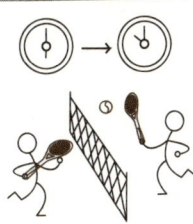

We spent too much time playing tennis.

The coffee is strong enough.

The coffee is too strong.

This coat is warm enough for winter.

It is too dangerous to walk alone here.

- 우리는 숙제를 끝낼 충분한 시간이 있다.
- 커피가 충분히 진하다.
- 이 코트는 겨울을 보내기에 충분히 따뜻하다.

- 우리는 테니스를 치느라고 너무 많은 시간을 보냈다.
- 커피가 너무 진하다.
- 여기를 혼자 걸어가는 것은 너무 위험하다.

3 very, much

very는 형용사/부사를 수식하고, much는 비교급을 수식한다. 또 very는 동사를 수식할 수 없지만, much는 동사를 수식한다.

The exhibition was very good.

The exhibition was much better.

He did the job very well.

The ticket is much more expensive.

I enjoyed the party very much.

Thank you very much for the flowers.

- 그 전시회는 아주 좋았다.
- 그는 그 일을 매우 잘했다.
- 나는 그 파티가 정말 재미있었다.

- 그 전시회는 훨씬 더 좋았다.
- 그 티켓은 훨씬 더 비싸다.
- 그 꽃 정말 감사합니다.

4 so, such 19-24

'so+형용사/부사', 'such+명사'로 구별한다. 단, so many, so much로 쓰고, such many나 such much는 틀린 표현이다.

 **The dress is so beautiful.**	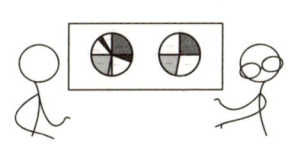 **They did such good work on the project.**
 **He gave the presentation so well.**	 **There are so many cars on the road.**
 **I'm ashamed of getting such a low score.**	 **The neighbors make so much noise.**

- 그 드레스는 정말 아름답다.
- 그는 발표를 굉장히 잘했다.
- 나는 너무 낮은 점수를 받은 게 창피하다.
- 그들은 과제를 굉장히 잘 했다.
- 도로에 차가 굉장히 많다.
- 그 이웃은 너무 시끄럽다.

Unit 6 전치사

여름에, 농장에서, 2시에 등등의 표현은 영어로 뭘까요?
여름이 summer, 농장이 farm, 2시는 2 o'clock이라는 건 쉽게
알겠는데, '~에, ~에서'는 영어로 뭐라고 하는지 언뜻 떠오르지 않아요.
각각 in summer, on the farm, at 2 o'clock이라고 해요.

전치사는 말 그대로 앞(전)에 위치(치)하는 말(사)입니다.
전치사는 명사 앞에 위치하며 전치사 앞뒤의 내용을
연결해 주는 형용사나 부사의 역할을 해요.

Chapter 20

장소전치사

장소나 공간을 나타내는 요소는 대화나 글에서 빠질 수 없는 요소이다.
장소는 명사이지만 문장 구성에서는 부사적인 요소로 표현될 때가 많다.
하지만 실제로 장소를 나타내는 부사는 거의 없어서 대부분 전치사로 표현한다.

전치사는 기본적으로 상황 또는 장소를 묘사한다.

~위에, ~아래에, ~옆에, ~안에, ~밖에, ~부터, ~까지 등
장소나 위치, 방향을 나타내는 표현들이 많다.

이러한 표현들은 넓은 장소인지 비교적 좁은 장소인지,
표면에 붙어 있는지, 떨어져 있는지에 따라 각각 다른 전치사를 쓴다.
머릿속에 다양한 공간을 그리면서 전치사와 문장에서
말하는 상황을 연결해 보자.

I in과 out of 비교 🎵 1-6

in은 넓은 공간 안을 말하고, out of는 그 공간 안에서 밖으로 나오는 것을 말한다.

There is a woman in the phone box.

He is getting out of the elevator.

She's in the garden.

I took the bread out of the refrigerator.

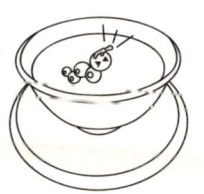

There is a bug in my soup.

The thief came out of the bank.

- 공중전화 부스에 한 여자가 있다.
- 그녀는 정원에 있다.
- 내 수프에 벌레가 있다.

- 그는 엘리베이터에서 나오고 있다.
- 나는 냉장고에서 빵을 꺼냈다.
- 도둑이 은행에서 나왔다.

2 on과 off 비교 🔊 7-12

on은 평면 위에 붙어 있는 것을 말하고, off는 붙어 있다가 떨어져 나가는 것을 나타낸다.

There is a book on the desk.

I'll go and switch off the computer.

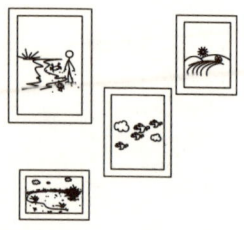

The pictures on the wall look very nice.

Henry fell off the roof.

He lives on the first floor.

Keep off the grass!

- 책상 위에 책이 한 권 있다.
- 벽에 있는 사진들 멋지네요.
- 그는 1층에 산다.

- 내가 가서 컴퓨터를 끌 것이다.
- 헨리는 지붕에서 떨어졌다.
- 잔디에 들어오지 마세요.

3 at과 near 비교 🎵 13-18

at는 정확한 위치, 즉 어떤 지점을 말하고, near는 그 근처를 지칭한다.

There's somebody at the bus stop.

We live near the lake.

She is working at the computer.

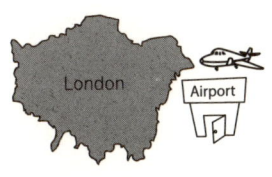

The airport is near London.

The shop is located at the corner.

Go and sit near the fire.

- 버스 정류장에 누군가 있다.
- 그녀는 컴퓨터 앞에서 일하고 있다.
- 그 상점은 모퉁이에 있다.

- 우리는 호수 근처에 산다.
- 공항은 런던 근처에 있다.
- 가서 불 옆에 앉아.

4 from ~ to와 through 19-24

from은 출발 지점을 to는 목적지 방향을 나타낸다.

I usually drive to work.

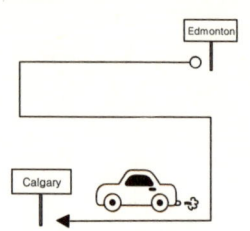

We drove from Edmonton to Calgary.

I walk home from the bus stop.

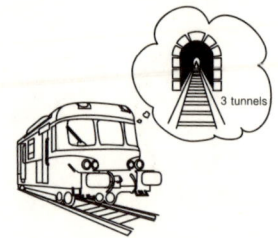

The train goes through three tunnels.

Bees were flying from flower to flower.

I went through the crowd.

- 나는 보통 운전해서 출근한다.
- 나는 버스 정류장에서 집까지 걷는다.
- 벌들은 꽃에서 꽃으로 날아다니고 있었다.
- 우리는 에드먼턴부터 캘거리까지 운전했다.
- 그 열차는 터널 세 개를 통과한다.
- 나는 군중을 뚫고 갔다.

5 over와 under 비교 🔊 25-30

over는 평면에서 떨어진 위 공간을 말하고, under는 아래 공간을 가리킨다.

There's a bridge over the river.

The dog is under the table.

The clouds were over our heads.

The boy is standing under a tree.

The plane flew over the mountain.

I'm wearing a jacket under my coat.

- 강 위로 다리가 있다.
- 구름이 우리 머리 위에 있었다.
- 비행기가 산을 넘어서 날아갔다.

- 그 강아지는 탁자 아래에 있다.
- 그 소년은 나무 아래에 서 있다.
- 나는 코트 안에 윗옷을 입고 있다.

6 above와 below 비교 31-36

above/below는 over/under에 비해 평면적인 공간을 지칭하는 경향이 강하다. 어떤 기준선을 가정할 때 above는 그 위, below는 그 아래를 가리킨다.

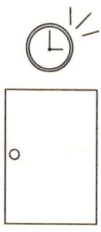

There is a clock above the door.

The temperature is below zero.

We saw the moon above the hill.

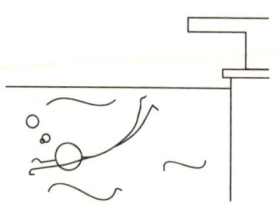

He dived below the surface of the water.

Her skirt rides up above her knees.

Please do not write below this line.

- 문 위에 시계가 하나 있다.
- 우리는 언덕 위에서 달을 보았다.
- 그녀의 치마가 무릎 위까지 올라가 있다.

- 기온이 영하이다.
- 그는 물 표면 아래로 뛰어내렸다.
- 이 선 아래로 글을 쓰지 마세요.

ㄱ in front of와 behind 비교 37-42

in front of는 어떤 사물 앞의 공간을 말하고, behind는 그 뒤 공간을 말한다.

The man is standing in front of the building.

There is a hill behind the town.

They turned right in front of the police office.

There is plenty of parking lots behind the store.

I hate speaking in front of many people.

The door closed behind him with a bang.

- 남자가 건물 앞에 서 있다.
- 그들은 경찰서 앞에서 우회전했다.
- 나는 많은 사람들 앞에서 말하는 것을 싫어한다.

- 마을 뒤에 언덕이 하나 있다.
- 가게 뒤편으로 주차 공간이 충분히 있다.
- 그 사람 뒤에서 문이 쾅 닫혔다.

8 up과 down 비교

up은 수직 또는 경사면을 따라 올라가는 것을 묘사하고, down은 반대로 내려오는 것을 묘사한다.

The bear was trying to climb up a ladder.

She lives up the street.

My room is up the stairs.

I came down the hill.

I walked up the hill and ran down the other side.

Are you going down?

- 곰이 사다리를 올라가려고 한다.
- 내 방은 계단 위에 있다.
- 나는 언덕 위로 걸어 올라갔다가 반대편으로 뛰어 내려왔다.
- 그녀는 거리 위쪽에 살고 있다.
- 나는 언덕을 내려왔다.
- 당신은 밑으로 내려가시나요?

9 between과 among 비교 🎧 49-54

between은 둘 사이, among은 셋 이상 사이를 의미한다.

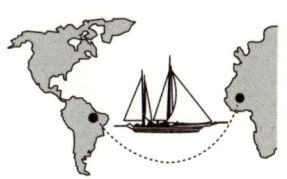

The ship sails between the two countries.

Our house is among the trees.

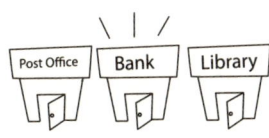

The bank is between the post office and the library.

She was sitting among the students.

We traveled between Seoul and Busan by railroad.

He is among the prize winners.

- 그 배는 두 나라 사이를 항해한다.
- 은행은 우체국과 도서관 사이에 있다.
- 우리는 서울과 부산을 철도로 여행했다.

- 우리 집은 나무에 둘러싸여 있다.
- 그녀는 학생들 사이에 앉아 있었다.
- 그는 상 받은 사람 가운데 하나이다.

10 across, along 그리고 past 비교 🎧 55-60

across는 길을 가로질러 가는 것을 묘사하고, along은 길을 따라 가는 것을, past는 건물이나 어떤 지점을 지나치는 것을 나타낸다.

They run across the main square.

I took a walk along the park.

It seems like that I can jump across that stream.

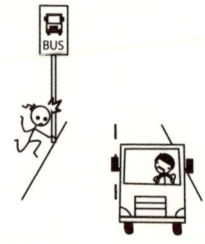

The bus went past the bus stop without stopping.

I kept walking along the stream.

Have you seen the new building past the library?

- 그들은 중앙 광장을 가로질러 뛰었다.
- 나는 저 개울을 건너 뛸 수 있을 것 같다.
- 나는 계속 개울을 따라 걸었다.

- 나는 공원을 끼고 산책을 했다.
- 그 버스는 정류장에 서지 않고 그냥 지나갔다.
- 당신은 도서관을 지나서 있는 새 건물을 본 적 있나요?

Chapter 21
시간전치사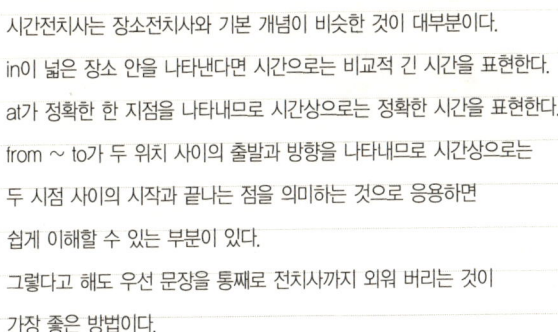

시간전치사는 장소전치사와 기본 개념이 비슷한 것이 대부분이다.
in이 넓은 장소 안을 나타낸다면 시간으로는 비교적 긴 시간을 표현한다.
at가 정확한 한 지점을 나타내므로 시간상으로는 정확한 시간을 표현한다.
from ~ to가 두 위치 사이의 출발과 방향을 나타내므로 시간상으로는
두 시점 사이의 시작과 끝나는 점을 의미하는 것으로 응용하면
쉽게 이해할 수 있는 부분이 있다.
그렇다고 해도 우선 문장을 통째로 전치사까지 외워 버리는 것이
가장 좋은 방법이다.

1. **in** 넓은 장소나 공간 → 비교적 긴 시간

2. **at** 정확한 한 지점 → 정확한 시간(시계)

3. **from ~ to**
   두 위치 사이의 출발점과 목적지
   → 시작 시점과 끝나는 시점

장소전치사에서 공간을 머릿속에 상상하면서 공부하자고 제안했는데,
시간전치사도 머릿속에 timeline을 그리고 공부하면 효과적이다.

I in 🎵 1-6

시간전치사 in은 연도, 계절, 월 등의 비교적 긴 시간을 나타낸다.

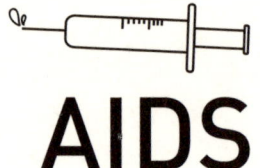

AIDS will be cured in a few decades.

His birthday is in winter.

in July

We went to Hawaii in July.

She graduated from college in 2008.

I want to marry in May.

I feel good in the morning these days.

- 에이즈는 수십 년 안에 치료될 것이다.
- 우리는 7월에 하와이를 다녀왔어요.
- 나는 5월에 결혼하고 싶다.
- 그의 생일은 겨울이에요.
- 그녀는 2008년에 대학을 졸업했다.
- 요즘은 아침에 기분이 참 좋아요.

2 on

시간전치사 on은 날짜, 요일을 말할 때 쓴다.

He is going to leave on Thursday.

I'm going to meet him on Friday night.

School starts on September 5th.

Tony always comes to class on time.

Do you work on the weekend?

Do you have any time to meet me on the 22nd?

- 그는 목요일에 떠날 것이다.
- 학교는 9월 5일에 시작한다.
- 당신은 주말에 일하나요?

- 나는 금요일 밤에 그를 만나기로 했다.
- 토니는 항상 제시간에 수업에 들어온다.
- 너는 22일에 혹시 나랑 만날 시간 있니?

3 at 13-18

시간전치사 at는 정확한 시점을 나타낼 때 쓴다.

The bus leaves at 8 o'clock every morning.

I'll see you at lunchtime then.

I can't sleep at night.

They leave at the same time.

I heard strange sounds at midnight.

What happened at the end of the movie?

- 그 버스는 매일 아침 8시에 출발한다.
- 나는 밤에 잠을 못 잔다.
- 나는 자정에 이상한 소리를 들었다.
- 그러면 점심때 뵙겠습니다.
- 그들은 같은 시간에 떠난다.
- 그 영화 마지막에 어떻게 됐어요?

4 from ~ to와 before 그리고 after 19-24

시간전치사 from~to는 시작 시점과 끝나는 시점을 나타내고, before와 after는 어떤 사건 이전과 이후를 의미한다.

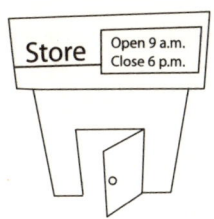

The store is open from 9 a.m. to 6 p.m..

Everybody becomes nervous before exams.

He lived in Korea from 1997 to 2004.

We were tired after a long journey.

I'm going to quit smoking from now on.

Before eating the grapes, I washed them carefully.

- 그 가게는 오전 9시부터 오후 6시까지 연다.
- 그는 1997년부터 2004년까지 한국에서 살았다.
- 나는 지금부터 담배를 끊을 것이다.

- 누구나 시험 전에는 초조해진다.
- 우리는 긴 여행 후에 녹초가 되었다.
- 나는 포도를 먹기 전에 꼼꼼하게 씻었다.

5 for와 since 그리고 during 25-30

시간전치사 for와 since는 'for+기간', 'since+시점'으로 구별한다. 둘 다 현재완료 시제와 자주 사용된다. during은 for와 혼동하기 쉽다. for 뒤에는 기간이 오지만 during 뒤에는 명사가 온다.

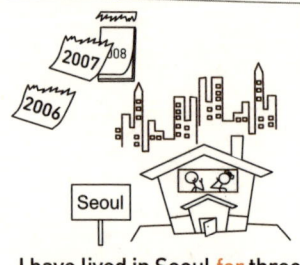

I have lived in Seoul for three years.

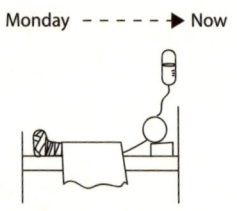

He has been in hospital since Monday.

I'm going away for a week.

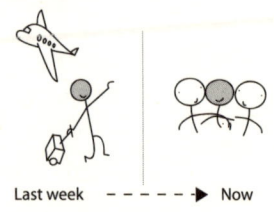

George has stayed with us since last week.

I fell asleep during the film.

We didn't speak during the meal.

- 나는 3년째 서울에서 살고 있다.
- 나는 일주일 동안 떠나 있을 것이다.
- 나는 영화를 보다가 잠들었다.
- 그는 월요일부터 병원에 입원해 있다.
- 조지는 지난주부터 우리와 함께 머물고 있다.
- 우리는 식사 중에 말을 하지 않았다.

6 by와 until 비교

시간전치사 by는 어느 시점까지 행위나 사건이 발생(완료)한 것을 나타내고, until은 어느 시점까지 행위나 상황이 지속된 것을 묘사한다.

I have to finish this report by Thursday.

I won't have any time until Thursday.

Mary will be home by half past seven.

He'll be at work until half past seven.

They hope to build the new building by next July.

We won't have another holiday until next spring.

- 나는 목요일이 이 보고서를 끝내야 한다.
- 메리는 7시 30분까지는 집에 도착할 것이다.
- 그들은 내년 7월까지 건물을 올리고 싶어한다.
- 나는 목요일까지 시간이 없을 것 같다.
- 그는 7시 30분까지 직장에서 일할 것이다.
- 우리는 내년 봄까지 더 이상 휴가가 없을 것이다.

Chapter 22
기타 전치사

전치사는 장소와 시간 외에도 수단, 태도, 목적 등을 나타내는 전치사 용법이 있다.
수단이나 태도를 나타낼 때는 by를 쓰고, 목적을 나타낼 때는 for를 쓴다.
영어를 공부할 때 외우지 않으면 안 되는 것이 아래와 같은 전치사의 관용 표현이다.
관용 표현은 전치사+명사, 명사+전치사, 동사+전치사, 동사+목적어+전치사,
형용사+전치사 등이 있고, 여기에 구동사(phrasal verbs)까지
수많은 전치사 표현이 있다.

It's not easy to talk to three people at once.
세 사람에게 동시에 이야기 하는 것은 쉽지 않다.

Cheetahs can run at very high speeds.
치타는 매우 빠른 속도로 달릴 수 있다.

The apartment next to ours is for sale.
우리 옆에 있는 아파트 내 놨더라.

I 목적과 수단 MP3 1-6

목적을 나타낼 때는 for를 쓰고, 수단을 나타낼 때는 by를 쓴다. by는 주로 교통수단, 지불 수단, 통신 수단에 사용된다.

There's a letter for you.

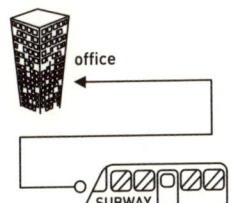

Tanya goes to her office by subway.

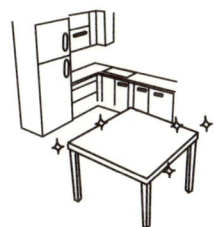

We got a new table for the dining room.

You can order the concert tickets by phone.

We have a lot of books for children.

We paid the bill by credit card.

- 너한테 편지가 한 통 왔다.
- 우리는 식당에 놓을 식탁 하나 새로 샀어요.
- 우리는 어린이책을 많이 갖고 있다.
- 타냐는 지하철을 타고 출근한다.
- 너는 공연 티켓을 전화로 주문할 수 있다.
- 우리는 신용 카드로 계산했다.

2 관용적인 표현 몇 가지 🎵 7-12

These days, skinny jeans are in fashion with young people.

Maria quickly called 911 when she saw that a car was on fire.

You could be in danger of getting sick if you don't keep warm.

I heard a great new song on the radio today.

My parents had to reserve their plane tickets four months in advance.

Andrew chose to help his grandmother instead of playing with his friends.

- 요즘 스키니 진이 젊은이들 사이에서 유행이다. • 당신은 몸을 계속 따뜻하게 하지 않으면 아플지도 몰라요. • 우리 부모님은 4달 전에 미리 비행기 티켓을 예약해야만 했다.
- 마리아는 차 한 대가 불이 난 것을 보고 신속하게 911에 전화를 걸었다. • 나 오늘 라디오에서 진짜 좋은 새 노래를 들었다. • 앤드류는 친구와 노는 것 대신 할머니를 도와드리기로 했다.

Unit 7. 등위절과 종속절

21세기를 네트워크의 시대라고 부르기도 하는데요.
그 어떤 것이든 연결하는 것과 관계는 세상을 살아갈 때 가장 중요한
가치이죠. 주어 한 개와 동사 한 개가 있으면 문장이 구성되는데,
자주 주어와 동사가 한 개씩 더 있어야 하는 경우가 있어요.
이때는 두 개의 주어와 동사 사이를 연결해 주고 관계를 맺게해주는
중간 역할이 필요해요. 이것을 접속사라고 해요.

1. 접속사는 등위접속사와 종속접속사가 있어요.
2. 등위접속사는 연결되는 두 개가 지위가 동등해서 똑같이 반복되는
단어를 나눠 쓸 수 있어요.
3. 종속접속사는 말 그대로 주인과 종의 관계를 만들어 주는데,
여기에는 명사절, 형용사절, 부사절이 있어요.

Chapter 23

명사절

명사절은 주어와 동사로 구성된 절이 명사 역할을 하는 것을 말한다.
명사절에는 크게 3가지 종류가 있다.

1 that 절

2 wh 절

3 whether/if 절

that절은 평서문이 명사절로 바뀐 것이다. that이 이끄는
'주어+동사+…' 문장이 명사로 쓰여 보어, 목적어 역할을 한다.
wh절은 wh-questions가, whether/if절은 yes/no questions가 명사절로 바뀐 것이다.
wh절은 의문사가 '주어+동사+…'의 문장을 이끄는데, 주의할 점은 의문사가 있지만
의문문이 아닌 명사절로 쓰여서 '동사+주어'가 아니라 '주어+동사'의
어순으로 써야 한다는 것이다.
whether/if절은 그 의미가 '~인지 아닌지'라서
긍정과 부정을 선택하는 절을 만들 수 있다. 그래서 yes/no questions가
명사절로 바뀔 때 whether나 if가 쓰이는 것이다.
이 또한 '주어+동사'의 어순으로 쓰인다.

1 that절

that절은 긍정문과 부정문을 포함한 평서문이 명사절로 바뀐 것이다.

He couldn't swim.
We didn't know that he couldn't swim.

The door was locked.
We checked that the door was locked.

They got a day off.
Everybody was happy that they got a day off.

She was from Sweden.
The woman told me that she was from Sweden.

You exercise regularly.
It is important that you exercise regularly.

He is honest.
I am sure that he is honest.

• 그는 수영을 하지 못했다. / 우리는 그가 수영을 못한다는 것을 몰랐다. • 그들은 하루 휴가를 받았다. / 그들은 하루 휴가를 받고 기뻤다. • 너는 규칙적으로 운동한다. / 네가 규칙적으로 운동하는 것이 중요하다.

• 문이 잠겨 있었다. / 우리는 문이 잠겨 있는 것을 확인했다. • 그녀는 스웨덴 출신이다. / 스웨덴 출신이라고 그녀는 나에게 말했다. • 그는 정직하다. / 나는 그가 정직하다고 확신한다.

2 wh절 (1): who, what 🎵 7-12

wh-questions가 명사절로 바뀔 때는 의문사가 연결어 역할을 동시에 수행한다. who는 사람, what은 사물이나 사건을 지칭한다.

Who are those people?
I wonder who those people are.

What happened?
Please tell me what happened.

Who lives in the house next to you?
Do you know who lives in the house next to you?

What are you doing?
Nobody is interested in what you are doing.

Who broke the window?
I want to know who broke the window.

What are you talking about?
I can't understand what you are talking about.

• 저 사람들은 누구예요? / 나는 저 사람들이 누군지 궁금해요. • 당신 옆집에 누가 살고 있나요? / 당신은 옆집에 누가 살고 있는지 아세요? • 누가 창문을 깨뜨렸지? / 나는 누가 창문을 깨뜨렸는지 알고 싶다.

• 무슨 일이야? / 무슨 일인지 말해 보렴. • 당신은 무엇을 하고 있나요? / 당신이 뭘 하고 있는지 아무도 관심 없어요. • 당신 무슨 말을 하는 거예요? / 나는 당신이 무슨 말을 하는지 이해가 안 돼요.

2-1 wh절(2): when, where 13-18

when은 시간, where는 장소를 가리킨다.

When did you arrive here?
Please tell me when you arrived here.

Where do you live?
I wonder where you live.

When are we going to take a trip?
We have to decide when we are going to take a trip.

Where were you last night?
Tell me where you were last night.

When did you make this machine?
I want to know when you made this machine.

Where is my cell phone?
I don't know where my cell phone is.

• 당신은 언제 이곳에 도착했나요? / 당신이 언제 이곳에 도착했는지 말해 줘요. / 우리 언제 여행 떠날까요? / 우리가 언제 여행 떠날지 결정해야 돼요. • 당신은 언제 이 기계를 만들었어요? 당신이 언제 이 기계를 만들었는지 알고 싶어요.

• 당신은 어디 살고 있어요? / 당신이 어디 살고 있는지 궁금해요. • 당신은 어젯밤 어디 있었나요? / 당신이 어젯밤 어디 있었는지 말해 줘요. • 내 휴대폰 어디 있지? / 나는 휴대폰이 어디 있는지 모르겠다.

2-2 wh절 (3): how, why 🎵 19-24

how는 방법, why는 이유를 나타낸다. how는 how much, how often, how big 등 여러 변형된 형태가 있다.

How can I use this machine?
I want to know how I can use this machine.

Why was Jane crying?
Nobody knows why Jane was crying.

How high is the building?
I'm amazed at how high the building is.

Why did she quit her job suddenly?
I wonder why she quit her job suddenly.

How much time do you have?
How much time you have is important when planning a vacation.

Why are you so late every day?
Tell me why you are so late every day.

• 어떻게 이 기계를 사용할 수 있지? / 나는 어떻게 이 기계를 사용하는지 알고 싶다. • 그 건물이 얼마나 높나요? / 나는 그 건물이 어찌나 높은지 놀랐어요. • 당신은 시간이 얼마나 있어요? / 당신이 여행 계획을 세울 때 시간이 얼마나 있는지가 중요해요.

• 제인이 왜 울고 있었나요? / 제인이 왜 울고 있었는지 아무도 몰라요. • 왜 그녀가 갑자기 직장을 그만뒀죠? / 나는 왜 그녀가 갑자기 직장을 그만뒀는지 궁금해요. • 너는 왜 매일 그렇게 늦니? / 너는 왜 매일 그렇게 늦는지 말해 봐.

3 whether/if 🎧 25-30

yes/no questions를 명사절로 바꾸면 연결어/접속사 whether/if가 필요하다. 의문문에서는 주어와 동사가 도치되지만, 명사절에서는 주어+동사 순으로 어순이 바뀐다.

Can I get there on time?
I don't know whether I can get there on time.

Can she come to the party?
Do you know if she can come to the party?

Can she come here?
Whether or not she can come depends on her schedule.

Was his report 100% correct?
We weren't sure if his report was 100% correct.

Do they want to help me?
I wonder whether they want me to help.

Are you going to take the class?
You must decide if you are going to take the class or not.

- 내가 시간에 맞게 도착할 수 있을까요? / 나는 시간에 맞게 도착할 수 있을지 모르겠어요. • 그녀가 이곳에 올까요? / 그녀가 이곳에 올 수 있을지는 일정에 달렸어요. • 그들이 나를 도와주고 싶어할까? / 나는 그들이 도와주고 싶어하는지 궁금하다.

- 그녀가 파티에 올 수 있나요? / 당신은 그녀가 파티에 올 수 있는지 아시나요? • 그의 보고서가 100% 정확한가요? / 우리는 그의 보고서가 100% 정확한지 자신 없어요. • 그 수업 들을 거니? / 너는 그 수업 들을지 결정해야 해.

Chapter 24

형용사절

남자가 식당에서 술을 마시고 있다.

The man is drinking at the bar.
　　　　　본동사

식당에서 술을 마시고 있는 남자

The man who is drinking at the bar
　　　　　관계대명사
　　　　　　　　형용사절

위 두 문장은 같은 단어를 쓰지만 표현이 다르다.

1번 문장에서는 "식당에서 술을 마시고 있다."는 본동사가 이끄는 술부이지만,

2번 문장의 '식당에서 술을 마시고 있는'은 '남자'를 수식하는 형용사절이다.

이때 남자를 지칭하는 대명사가 의문사로 바뀌면서 연결어 역할을 하는데,

이를 관계대명사라고 한다.

1 사람-주격: who/that 🔊 1-6

선행사(수식 받는 명사)가 사람이고, 관계대명사가 주격일 때 who/that을 쓴다. 이때 that은 쉼표 뒤에 쓸 수 없다.

I like the teacher who/that taught me math.

That's the woman who/that lives next door.

He's the man who/that helped me with my car.

Matthew, who enjoys nature, went hiking.

Are you the one who/that borrowed my pencil?

We visited Linda, who is always happy to see us.

- 나는 내게 수학을 가르쳐 주셨던 선생님이 좋다.
- 그는 내 차 문제로 도움을 주셨던 분이다.
- 네가 내 연필 빌려 갔었던 그 애니?
- 저 사람이 우리 옆집에 사는 여자이다.
- 자연을 즐기는 매튜가 하이킹을 갔다.
- 우리는 우리를 보면 항상 행복해 하는 린다를 방문했습니다.

2 사람-목적격 : whom/that 7-12

선행사가 사람이고, 관계대명사가 목적격일 때 whom/that을 쓴다. 이때 쉼표 뒤에 that는 쓸 수 없다.

The boy whom/that you saw at the party is my brother.

The man whom/that you met yesterday was a firefighter.

That is the guy whom/that I was looking for.

Sara, whom I met at the party, has black hair.

The doctor whom/that I go to is tall.

Mr. Kim, whom you talked to on the phone, was my father.

- 네가 파티에서 본 남자 애가 내 남동생이다.
- 저 남자가 내가 찾고 있던 그 남자이다.
- 내가 진료 받는 그 의사는 키가 크다.

- 어제 네가 만난 남자는 소방관이다.
- 내가 파티에서 만났던 사라는 검은 머리이다.
- 네가 전화로 통화했던 Mr. 김이 우리 아버지이다.

3 사물-주격: which/that

선행사가 사물이나 사건이고, 관계대명사가 주격인 경우는 which/that을 쓴다. 쉼표 뒤에 that는 쓸 수 없다.

The bag which/that is on the desk is mine.

We went to the park which/that has a lot of trees.

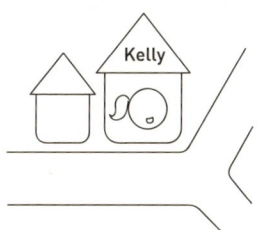

The house which/that is on the corner is Kelly's.

Henry ate the cookie which/that was really big.

Bonny drives the car which/that is fast.

Tim played chess, which is his favorite game.

- 그 책상에 있는 가방은 내 것이다.
- 모퉁이에 있는 집은 켈리네이다.
- 바니는 빠른 차를 운전한다.

- 우리는 나무가 많이 있는 공원에 갔다.
- 헨리는 정말 큰 과자를 먹었다.
- 팀은 그가 가장 좋아하는 게임인 체스를 했다.

4 사물-목적격 : which/that 🎵 19-24

선행사가 사물이나 사건이고, 관계대명사가 목적격인 경우에도 which/that을 쓴다. 쉼표 뒤에 that는 쓸 수 없다.

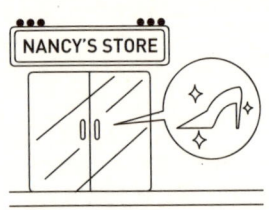

The store which/that Nancy opened yesterday sells shoes.

The fruit which/that you gave me was delicious.

Did you see the car which/that Simon drives?

The house, which Jack built, is huge.

The homework, which our teacher gave, is due tomorrow.

The school which/that I go to has a flag in front.

- 낸시가 어제 연 그 가게는 신발을 판다.
- 사이먼이 운전하는 그 차 봤어요?
- 우리 선생님이 내준 숙제는 내일까지이다.
- 네가 나에게 준 그 과일은 맛있었다.
- 잭이 지은 그 집은 엄청 크다.
- 내가 가는 학교는 앞에 깃발이 있다.

5 what: 선행사를 포함한 관계대명사 🎵 25-30

what는 선행사가 포함된 관계대명사이다. 선행사를 포함하고 있으므로 명사 뒤에는 올 수 없으며 항상 명사절을 구성한다. what가 주어나 목적어 역할을 하기 때문에 관계대명사 주격과 목적격이 이끄는 형용사절과 문장의 구성이 동일하다.

I asked him what he wanted to hear.

I'll do what (=all that) I can.

She gave him what she had got.

What I want for Christmas is you.

What you say is not true.

This is what (= the thing which) **I want.**

- 나는 그에게 듣고 싶은 것이 뭔지 물었다.
- 그녀는 그에게 그녀가 얻은 것을 주었다.
- 네가 말하는 것은 사실이 아니다.

- 나는 할 수 있는 모든 것을 하겠다.
- 내가 크리스마스에 원하는 것은 너야.
- 이것이 내가 원하는 것이다.

Chapter 25

가정법

가정법은 상상력이 필요하다. 역사는 가정하지 말라고 하지만
고구려가 삼국을 통일했다면 어떠했을까? 라는 호기심이 생기기도 한다.
내가 천재라면, 내가 슈퍼맨이라면, 내가 지금 영어 도사라면 등등의 꿈은
그저 꿈에 불과한 것이지만, 그래도 꿈꾸는 동안만이라도
흐뭇한 느낌이 들기도 한다.

가정법은 상상하고 가정하는 것을 말하는 것이기 때문에
시제에서처럼 직실법을 쓰지 않는다.
가정법에서는 현재나 미래를 과거 시제로 말하고,
과거를 과거완료 시제로 말한다.
그래서 현재 시제로 쓰인 가정법은 미래나 현재에 일어날 법한 일을 의미하고
과거 시제가 쓰인 가정법은 현재의 사실과 반대되는 일을 의미한다.
그리고 과거완료 시제가 쓰인 가정법은 과거에 이미 일어났던 일을
'~ 이렇게 되었다면' 이라고 가정한다.
하지만 조건이나 가정을 나타내는 if절과 함께 있는 주절은
가정법과 같은 시제를 쓰지 않고 의미하고자 하는 시제를 그대로 쓴다.

1 가정법 현재

현재나 미래에 발생할 가능성이 있는 것을 나타낸다.
If + 현재 시제, 주어 + will do

If he has any strange habit, I'm not going to meet him.

If it rains tomorrow, I'm not going to go to the park.

If she is smart enough, she will never do that again.

If you are going to stay home tonight, call me.

If you try harder, you would get a better score.

If it should be fine tomorrow, I would go out.

- 그가 만일 이상한 버릇이 있다면 나는 그를 만나지 않을 것이다. • 그녀가 충분히 똑똑하다면 다시는 그러지 않을 것이다. • 당신이 더 노력한다면 더 나은 점수를 받을 것이다.
- 만일 내일 비가 온다면 나는 공원에 가지 않을 것이다. • 당신이 오늘 밤 집에 있을 거라면 내게 전화해 주세요. • 내일 날씨가 좋아진다면 나는 외출할 것이다.

1-1 가정법 과거 🎵 7-12

현재 사실을 반대로 가정하거나 미래에 발생할 가능성이 없는 것을 말한다. be동사는 인칭과 관계없이 were를 쓴다. 미래에 발생 가능성이 없는 것을 강하게 표현할 때 were to나 should를 쓸 때가 있다.
if+과거 시제, 주어+would do

If I were not fat, I could wear those pants.

If it rains tomorrow, I would not go on a picnic.

If I were spider man, I could climb the wall without a ladder.

If I were to have enough money, I would buy a building.

If I was not sick today, I would come to you.

If I had a cell phone, I could call you.

- 만일 내가 뚱뚱하지 않았다면, 그 바지를 입을 수 있었을 텐데. • 내가 만약 스파이더맨이었다면, 그 벽을 사다리 없이 올랐을 텐데. • 내가 오늘 아프지 않았다면, 너에게 갈 텐데.
- 내일 비가 오면 나는 야유회에 가지 않을 것이다.
- 내가 돈이 충분하다면 건물을 하나 구입할 텐데.
- 내가 휴대폰을 가지고 있으면, 너한테 전화했을 텐데.

1-2 가정법 과거완료 🔊 13-18

과거 사실을 반대로 가정할 때 쓴다. if+과거완료, 주어+would have done 주절에서 조동사 would 대신 could, might를 쓰기도 한다.

If I had got up early, I could have got the bus.

The meeting would have been much better, if you had been there.

If he hadn't missed the train, he would have been here.

If I had been rich, I would have helped him.

If I had gone to bed early, I might have had much more energy.

If I had saved more money before, I could have bought the guitar.

- 내가 일찍 일어났더라면, 그 버스를 잡을 수 있었을 텐데. • 그가 열차를 놓치지 않았었더라면, 여기에 와 있었을 텐데. • 내가 일찍 잠자리에 들었었다면, 나는 힘이 훨씬 더 있었을 텐데.

- 네가 있었더라면, 그 회의가 훨씬 좋았었을 텐데. • 만일 내가 부자였더라면, 그를 도왔을 텐데. • 만약 내가 전에 돈을 더 모았었더라면, 그 기타를 살 수 있었을 텐데.

2 I wish 가정법 과거

I wish 가정법은 if절에서 if를 떼고 I wish를 넣어 만드는 구문이다. I wish 가정법 과거는 현재 사실의 반대 또는 미래의 불가능한 일을 소망할 때 쓴다.

I wish I were very rich.

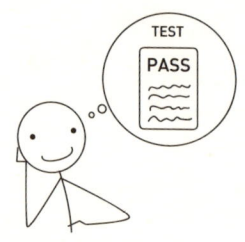

I wish I would pass the test.

I wish I had a lot of money.

I wish I had a driving license.

She wishes her dog could talk.

I wish I could type fast.

- 내가 아주 부자라면 좋을 텐데.
- 내가 돈이 많으면 좋을 텐데.
- 그녀는 그녀의 개가 말을 할 수 있기를 바란다.
- 내가 그 시험을 통과하면 좋을 텐데.
- 내가 운전면허가 있으면 좋을 텐데.
- 내가 타자를 빠르게 칠 수 있으면 좋을 텐데.

2-1 I wish 가정법 과거완료

I wish 가정법 과거완료는 과거 사실의 반대를 소망할 때 쓴다.

I wish I had learned driving.

I wish I had remembered his birthday.

I wish I had studied harder at school.

I wish I hadn't started smoking.

I wish I hadn't borrowed money from him.

I wish I had saved some money.

- 내가 운전을 배웠더라면 좋았을 텐데. • 내가 학교에서 더 열심히 공부했었더라면 좋았을 텐데. • 내가 그에게서 돈을 빌리지 않았더라면 좋았을 걸.
- 내가 그의 생일을 기억했다면 좋았을 걸.
- 내가 담배를 시작하지 않았다면 좋았을 텐데.
- 내가 돈을 모아 뒀었다면 좋았을 텐데.

3 as if 가정법 과거

as if 가정법은 '마치 ~인 것처럼'으로 번역되는 접속사이다. 대개 부정적인 어감, 즉 짜증이 난다거나, 받아들일 수 없다는 의사를 표시하거나, 가능성을 배제하는 경우에 많이 쓴다.

He talks as if he knew everything.

My father drinks beer as if he drank water.

She acts as if she were my mom.

She smiles at me as if she liked me.

He speaks as if he sang some songs.

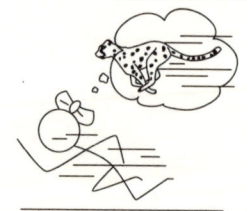

She runs as if she were a cheetah.

- 그는 마치 모든 것을 아는 것처럼 말한다.
- 그녀는 마치 우리 엄마인 것처럼 행동한다.
- 그는 마치 노래를 하는 것처럼 말한다.
- 우리 아빠는 마치 맥주를 물 마시듯이 마신다.
- 그녀는 마치 나를 좋아하는 것처럼 날 향해 웃는다.
- 그녀는 마치 치타인 듯 달린다.

3-1 as if 가정법 과거완료

as if 가정법 과거완료는 과거 사실의 반대를 말한다.

He speaks as if he had seen the movie.

He talks as if he had gone to college.

She acts as if she had seen me before.

She acts as if she hadn't seen me at all.

She walks as if she had been a model.

He talks as if he had been to London.

- 그는 마치 그 영화를 보았던 것처럼 말한다.
- 그녀는 마치 전에 나를 보았던 것처럼 행동한다.
- 그녀는 마치 모델이었던 것처럼 걷는다.
- 그는 마치 그가 대학에 다녔던 것처럼 말한다.
- 그녀는 마치 나를 전혀 몰랐던 것처럼 행동한다.
- 그는 마치 런던에 다녀왔던 것처럼 말한다.

Chapter 26
등위절과 부사절

등위접속사는 지위가 동등한 것을 연결하는데, 이를 병렬 구조라 한다.
등위절은 문법적 지위가 동등한 것이 연결되기 때문에
똑같이 반복되는 단어를 함께 나눌 수 있다.
하지만 부사절은 주종 관계처럼 주절에 종속된 관계를 맺는다.
따라서 주절에 반복되는 단어들이라 할지라도 생략될 수 없다.
부사절은 의미에 따라 시간, 이유, 양보 등 다양하게 분류된다.

등위접속사

I like **listening** to music and
　　　　　∥ 같은 형태
(I like) **dancing** with music.

종속접속사

When I was reading a book,　／쉼표
　　종속절(부사절)
my sister was reading a newspaper.
　　　　　　주절

= My sister was reading a newspaper
　when I was reading a book.　　＼쉼표 없음

I 등위접속사 🎵 1-6

대표적인 등위접속사는 and, but, or이다. and는 추가를 의미, but는 대조, or는 선택의 의미를 지닌다. 주절과 주절, 동사와 동사, 명사와 명사, 형용사와 형용사 등 문법적으로 같은 요소를 연결한다.

The bus stopped, and people got on.

I went to bed but couldn't sleep.

We stayed home and watched television.

Did you go out yesterday or did you stay home?

He likes her very much, but she doesn't.

You can call me or send an e-mail.

- 버스가 멈춰 서고, 사람들이 탔다.
- 우리는 집에 있으면서 텔레비전을 보았다.
- 그는 그녀를 많이 좋아하지만, 그녀는 아니다.
- 나는 잠을 청했지만 잠이 오질 않았다.
- 어제 당신은 나갔었나요, 아니면 집에 있었나요?
- 당신은 전화를 하거나 이메일을 보내면 됩니다.

2 등위 상관 접속사 🎧 7-12

등위상관접속사는 짝을 지어 사용되는 접속사이다.
대표적인 것은 (1)both ~ and (2)either ~ or, (3)neither ~ nor 등이 있다.

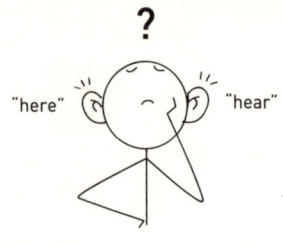

Both 'here' and 'hear' sound the same.

That girl may be either a singer or an actor.

Bill keeps both a dog and a cat.

Neither Tom nor Bill came to school today.

Either you or she has made a mistake.

He is neither smart nor rich.

- 'here'와 'hear'은 똑같이 들린다.
- 빌은 개와 고양이를 모두 기른다.
- 너 아니면 그녀가 실수를 했다.

- 저 여자는 가수 아니면 배우일 것이다.
- 톰과 빌 둘 다 학교에 오지 않았다.
- 그는 똑똑하지도 않고, 부자도 아니다.

3 부사절 (1): 시간

시간을 나타내는 부사절 접속사는 다양하다. when(~할 때), while(~하는 동안), after(~한 후에), before(~하기 전에), until(~할 때까지), since(~때 이후로 지금까지) 등이 대표적이다.

When I went out, it was raining.

I felt very happy after I had my hair cut short.

Before you go to bed, always brush your teeth.

Tom lived in New York until 1995.

While I was studying, the phone rang.

He has been in the hospital since last Monday.

- 내가 밖으로 나갔을 때, 비가 오고 있었다.
- 잠자리에 들기 전에 항상 이를 닦아라.
- 내가 공부를 하고 있는 중에 전화벨이 울렸다.
- 나는 머리를 짧게 자르고 나서 매우 행복해졌다.
- 톰은 1995년 까지 뉴욕에서 살았다.
- 그는 지난 월요일부터 병원에 입원해 있다.

3-1 부사절 (2): 이유

이유를 나타내는 접속사는 because, as, since, now that 등이 있고, 전치사는 because, due to, owing to 등이 있다. 접속사는 주어와 동사를 연결하지만, 전치사는 명사구를 연결한다.

Because of the rain, we couldn't play baseball.

I keep plants at home because they're good for the air.

The plane didn't take off due to the bad weather.

As he often tells me a lie, I can't trust him.

He fell asleep in the subway because he was so tired.

Since she spoke French, I couldn't understand her.

- 비 때문에 우리는 야구를 할 수 없었다.
- 날씨가 나빠서 비행기가 이륙하지 못했다.
- 그는 너무 피곤해서 지하철에서 잠이 들었다.
- 식물이 공기를 좋게 해주기 때문에 나는 식물을 집에 둔다. • 그가 자주 거짓말을 하기 때문에 나는 그를 믿을 수가 없다. • 그녀가 불어로 말했기 때문에 나는 이해할 수가 없었다.

3-2 부사절 (3): 양보, 대조 MP3 25-30

양보나 대조 관계를 나타내는 접속사는 although, though, even though(비록 ~일지라도), while(반면에, 그러나) 등이 있고, 전치사는 despite, in spite of가 있다.

Although we were tired, we went to a movie.

Though I love chocolates, I don't eat any for my diet.

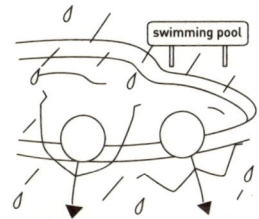

We went swimming even though it was raining.

He wears white socks, while his pants are black.

The movie was not great, although the special effects were good.

Despite the mosquitoes, we had fun at the barbecue.

- 우리는 피곤했지만 영화를 보러 갔다.
- 비가 오는데도 우리는 수영하러 갔다.
- 그 영화는 뛰어나지는 않았지만 특수 효과는 좋았다.
- 난 초콜릿을 좋아하지만 식이 요법 때문에 전혀 먹지 않아요.
- 그는 양말은 흰 것이지만 바지는 검은색이다.
- 모기가 있었지만, 바비큐를 먹으며 즐거운 시간을 보냈다.

불규칙 동사

	동사	과거	과거분사	의미
1	become	became	become	되다
2	begin	began	begun	시작하다
3	bite	bit	bitten	물다
4	blow	blew	blown	불다
5	break	broke	broken	깨뜨리다
6	bring	brought	brought	가져오다
7	build	built	built	세우다
8	buy	bought	bought	사다
9	catch	caught	caught	잡다
10	choose	chose	chosen	고르다
11	come	came	come	오다
12	cost	cost	cost	비용이 들다
13	cut	cut	cut	자르다
14	dig	dug	dug	파다
15	draw	drew	drawn	그리다
16	drink	drank	drunk	마시다
17	drive	drove	driven	운전하다
18	eat	ate	eaten	먹다
19	fall	fell	fallen	떨어지다
20	feel	felt	felt	느끼다

	동사	과거	과거분사	의미
21	fight	fought	fought	싸우다
22	find	found	found	찾다
23	fly	flew	flown	날다
24	forget	forgot	forgotten	잊다
25	freeze	froze	frozen	얼다
26	get	got	got/gotten	받다
27	give	gave	given	주다
28	grow	grew	grown	자라다
29	hang	hung	hung	매달다
30	hear	heard	heard	듣다
31	hide	hid	hidden	숨다
32	hit	hit	hit	치다
33	hold	held	held	잡다
34	hurt	hurt	hurt	아프다
35	keep	kept	kept	지키다
36	know	knew	known	알다
37	lay	laid	laid	눕히다
38	leave	left	left	떠나다
39	lend	lent	lent	빌리다
40	let	let	let	하게 하다

	동사	과거	과거분사	의미
41	lose	lost	lost	잃다
42	make	made	made	만들다
43	mean	meant	meant	뜻하다
44	meet	met	met	만나다
45	pay	paid	paid	지불하다
46	put	put	put	놓다
47	read	read	read	읽다
48	ride	rode	ridden	타다
49	ring	rang	rung	울리다
50	rise	rose	risen	오르다
51	run	ran	run	달리다
52	say	said	said	말하다
53	see	saw	seen	보다
54	seek	sought	sought	찾다
55	sell	sold	sold	팔다
56	send	sent	sent	보내다
57	set	set	set	놓다
58	shake	shook	shaken	흔들다
59	shoot	shot	shot	쏘다
60	show	showed	showed/shown	보여주다

	동사	과거	과거분사	의미
61	shut	shut	shut	닫다
62	sing	sang	sung	노래하다
63	sink	sank	sunk	가라앉다
64	sit	sat	sat	앉다
65	sleep	slept	slept	잠자다
66	speak	spoke	spoken	말하다
67	spend	spent	spent	돈/시간을 쓰다
68	stand	stood	stood	서다
69	steal	stole	stolen	훔치다
70	strike	struck	struck	치다
71	swim	swam	swum	수영하다
72	take	took	taken	받다
73	teach	taught	taught	가르치다
74	tell	told	told	말하다
75	think	thought	thought	생각하다
76	throw	threw	thrown	던지다
77	understand	understood	understood	이해하다
78	wake	woke	woken	눈을 뜨다
79	win	won	won	이기다
80	write	wrote	written	쓰다

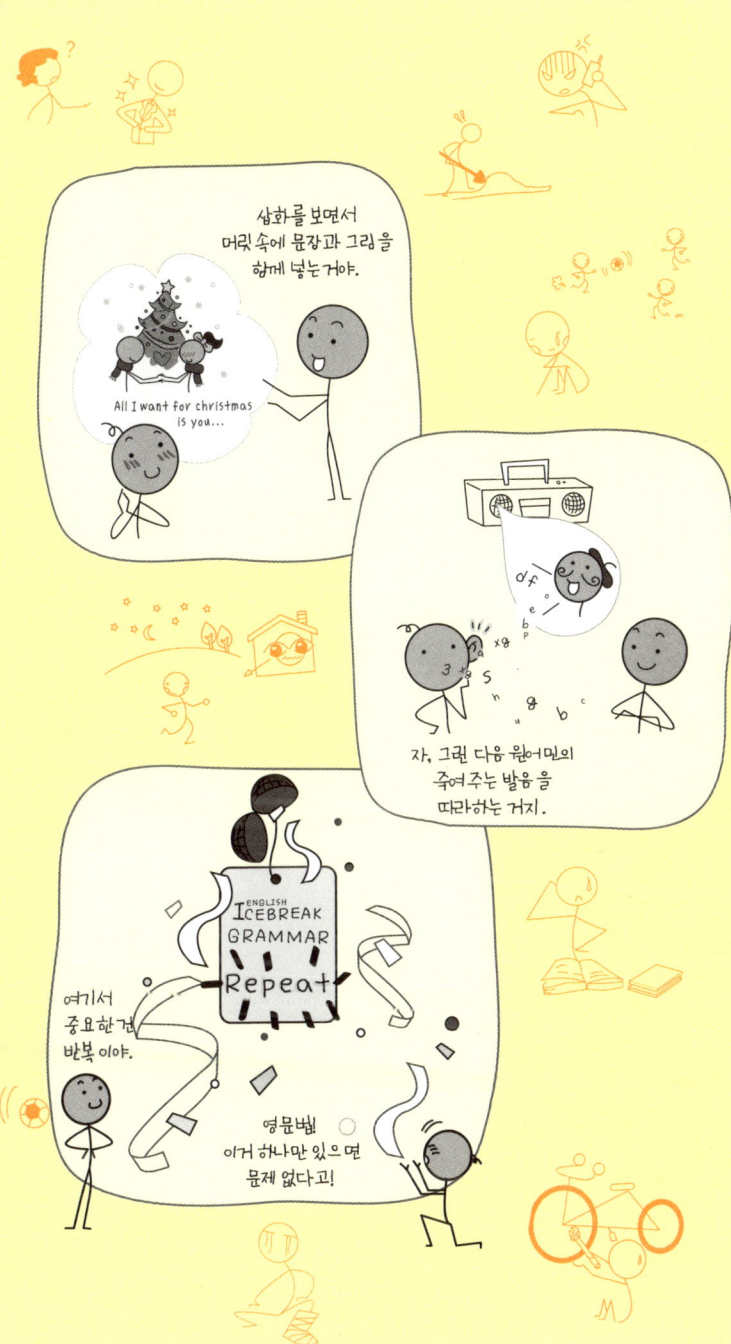